Object Pascal a modo mio

Il linguaggio che non invecchia, migliora

Riccardo Santato

Via Nosadella 19/2 A, 40123 Bologna (Italia)

Chiusura editoriale: 14 marzo 2026

ISBN: 9788893644976 (brossura)

Prima edizione: settembre 2025

Alla mia famiglia

Un sentito ringraziamento a Tim Coates e a tutti i membri della comunità Object Pascal per i loro preziosi consigli, suggerimenti e correzioni.

Prefazione

Scrivere di informatica, oggi, significa muoversi in un territorio in continuo cambiamento, fatto di mode che nascono e tramontano in pochi mesi, di tecnologie che si rinnovano a ritmi vertiginosi.
È un universo dove il linguaggio del giorno viene rapidamente soppiantato da un framework più agile, dove ciò che oggi appare indispensabile rischia di essere dimenticato domani. Eppure, in questo fluire incessante, esistono strumenti e approcci che conservano un valore intramontabile, non perché nostalgici, ma perché radicati nei fondamenti stessi del pensiero computazionale.
Tra questi, il Pascal e nella sua forma più evoluta, l'Object Pascal, rimane una palestra ideale per chi vuole imparare a programmare con chiarezza, rigore e logica.

Il libro di Riccardo Santato nasce proprio da questa consapevolezza.
Non è un semplice manuale, ma un percorso narrativo e tecnico insieme, che restituisce dignità a un linguaggio capace di formare menti lucide e di trasmettere i principi senza tempo dell'informatica. Lazarus e Free Pascal, i protagonisti di queste pagine, non sono soltanto strumenti pratici e gratuiti, ma il veicolo attraverso cui l'autore accompagna il lettore a scoprire il piacere di programmare "sul serio", senza scorciatoie illusorie.

Questa scelta appare tanto più preziosa nel contesto attuale.
Siamo infatti in un'epoca in cui l'automazione, il *machine learning* e le intelligenze artificiali sembrano voler sostituire il ragionamento umano con un clic, restituendo risposte e soluzioni preconfezionate. Sempre più giovani programmatori si trovano a utilizzare strumenti avanzati senza comprendere davvero cosa avvenga "dietro le quinte": la logica degli algoritmi, le strutture dati, i concetti basilari di compilazione e di architettura del software rischiano di essere dimenticati.

Tutto diventa una sorta di "magia", dove i risultati compaiono ma le cause sfuggono. È come guidare un'auto da corsa senza sapere cosa sia un motore.

Ecco perché questo libro è importante.
In un panorama dominato da tecnologie opache e sempre più complesse, l'opera di Santato riporta il discorso alle origini, con spiegazioni chiare, esempi concreti e una scrittura che intreccia rigore e leggerezza.
Non solo si impara a scrivere codice in Object Pascal, ma soprattutto si acquisisce il modo di pensare del programmatore, la capacità di scomporre un problema, di ragionare passo per passo, di capire davvero il "perché" dietro ogni istruzione.
Concetti apparentemente semplici, eppure ormai rari, che costituiscono le fondamenta su cui poggia tutta l'informatica moderna. La forza di queste pagine sta proprio nell'equilibrio tra memoria e innovazione, da un lato la rievocazione di un linguaggio storico, dall'altro la dimostrazione della sua sorprendente attualità.
Con uno stile diretto e ricco di metafore, l'autore riesce a rendere accessibili nozioni che altrove vengono presentate in maniera arida, trasformando l'apprendimento in un'esperienza quasi narrativa. Così, tra riferimenti storici, richiami agli anni '80 e '90 e momenti di autentica passione divulgativa, il lettore viene guidato a riscoprire la logica nascosta sotto l'apparente "magia" dei computer.

Questo libro non è soltanto per chi sogna di diventare un programmatore, è per chiunque voglia comprendere meglio il mondo digitale che ci circonda, senza fermarsi alla superficie. È un invito a tornare alle radici, a non smarrire la chiarezza della logica di base, a coltivare quella curiosità che ha acceso generazioni di sviluppatori prima di noi.

Con gratitudine e stima, introduciamo dunque quest'opera di Riccardo Santato, certi che saprà regalare a molti lettori non solo conoscenze tecniche, ma anche la sensazione, sempre più rara, di vedere, finalmente, la macchina rivelare i propri segreti

Andrea Tonin e **Iarin Fabbri**
NGTN s.r.l.
www.ngtn.eu

1 Perché Lazarus e Free Pascal

1.1 Qualche cenno storico

Progettato nel 1968 e pubblicato nel 1970 da Niklaus Wirth presso il Politecnico di Zurigo, il Pascal (e le sue varianti, Object Pascal e Delphi) è uno dei linguaggi di programmazione più longevi della storia.
All'epoca, a livello di didattica, dominava il linguaggio BASIC (Beginner's All-purpose Symbolic Instruction Code), ideato solo quattro anni prima. Pur tuttavia Wirth credeva che il BASIC non fosse un linguaggio realmente adeguato ai neofiti della programmazione: esso infatti non obbligava lo studente a seguire uno schema preciso per la costruzione degli algoritmi e non disponeva di strutture che lo rendessero nel contempo versatile e potente.
Wirth creò un nuovo approccio alla programmazione, non solo un linguaggio.

Durante gli anni '80, con l'aumentare delle capacità dei personal computer e la diffusione delle interfacce grafiche nei sistemi operativi, si cercò di modificare il Pascal da linguaggio strutturato ad una versione invece orientata agli oggetti (rispondente cioè ai dettami della "OOP programming").

Primo artefice di questo cambiamento fu Larry Tesler, programmatore presso la Apple Computer, che collaborò con Wirth per la stesura di una nuova versione di Pascal, che prese il nome di Object Pascal. La fortuna del linguaggio perdurò per tutti gli anni '90, con la diffusione su larga scala di un ottimo compilatore per MS-DOS e Windows: Turbo Pascal, creato da Anders Hejlsberg presso la Borland.

Il successo di questo pacchetto software, commercializzato per l'economica cifra di 49,95 dollari fu travolgente e ne seguirono diversi aggiornamenti. La diffusione fu tale che ne vennero vendute oltre 250.000 copie in un solo biennio: praticamente un record.
Particolarissima poi era la licenza adottata, la cosiddetta "Book License": dal momento che i dischetti di Turbo Pascal non avevano alcuna protezione per la copia, si pensò di trattare il software come se fosse stato un libro. In altre parole,

si poteva spostare il pacchetto software di casa in casa, di computer in computer, a patto che non fosse utilizzato in due postazioni contemporaneamente.
Inutile dire che questo tipo di licenza contribuì mostruosamente alla diffusione di Turbo Pascal, un po' grazie a questo atteggiamento da Gutenberg dell'informatica e molto grazie alla pirateria.

Nel 1995 il software Turbo Pascal venne profondamente modificato, diventando parte integrante del più completo ambiente di sviluppo Delphi, tuttora aggiornato e commercializzato. Delphi tuttavia all'epoca funzionava esclusivamente sotto Windows 3.1 e fu questa la molla che ispirò lo studente Florian Paul Klämpfl a costruire un nuovo compilatore per questo linguaggio: il Free Pascal Compiler (FPC).

Caratterizzato dalla totale gratuità, da uno sviluppo open source cooperativo e dalla possibilità di funzionare ancora sotto MS-DOS, il progetto ebbe successo, coadiuvato dalla crescita di Internet che stata avvenendo proprio in quegli anni. Parallelamente a FPC, e intorno ad esso, si sviluppò il progetto Megido, poi ribattezzato Lazarus: un ambiente di sviluppo completo pronto a rivaleggiare, se non a sostituire completamente, la piattaforma Delphi per lo sviluppo di progetti in Object Pascal.

1.2 Ci piace potente, e magari anche gratis

Se il nostro obiettivo è creare un programma che sia multipiattaforma (utilizzabile cioè su diversi sistemi operativi) e nel contempo dotato di un'interfaccia grafica, esistono oggi alcune soluzioni davvero interessanti.

La prima di cui voglio parlare è XOJO.
Chiamato un tempo RealBasic ed in seguito RealStudio, XOJO offre un ambiente di lavoro estremamente compatto e facile da usare; è possibile installarlo su sistemi operativi Windows, macOS e Linux. Negli anni si è evoluto offrendo una molteplicità di soluzioni possibili e, soprattutto, la capacità di compilare per diversi sistemi operativi all'interno dello stesso ambiente.
Per fare un esempio, posso creare ben sei diverse versioni dello stesso programma con un semplice click: XOJO compilerà eseguibili a 32bit e a 64bit per Windows, macOS e Linux nello stesso momento. Non solo: è capace di interfacciarsi con una pluralità di database SQL diversi e creare applicazioni anche per iOS e pagine Web.
È l'ambiente di sviluppo perfetto? Purtroppo no, dal momento che per fruire di tutte queste belle caratteristiche bisogna pagare un prezzo in denaro con la formula della sottoscrizione, pena il non poter più ricevere gli aggiornamenti annuali. Inoltre esistono molti sviluppatori che hanno implementato librerie software che aggiungono ulteriori funzionalità a XOJO; purtroppo, anche queste soluzioni richiedono spesso un prezzo in denaro. In poche parole XOJO è bello e potente ma, alla lunga, parecchio costoso.

Un'altra soluzione potente per sviluppare in Object Pascal è l'ambiente di sviluppo Delphi.
Creato dall'azienda Borland, divenuta poi CodeGear ed acquistata in toto dalla Embarcadero Technologies, questo ambiente di sviluppo è forse il vero successore di Turbo Pascal.
Si tratta di un ambiente davvero eccellente per sviluppare applicazioni in tutta libertà, dotato com'è di un compilatore di prim'ordine e di un editor davvero di livello: questo software inoltre, utilizzando una tecnologia proprietaria, è in grado di generare eseguibili per Windows, macOS, Linux, iOS ed Android con davvero una manciata di click del mouse. È disponibile in diverse versioni tra cui una totalmente gratuita, la cosiddetta "Community Edition"; essa tuttavia è utilizzabile per un anno (anche se la licenza si può rinnovare) e soffre di diverse limitazioni, prima tra tutte il fatto che essa funzioni solo sotto ambiente operativo Windows 10 ed 11.
Le versioni più potenti sono a pagamento.

Alla mancata gratuità di XOJO e quella (seppur parziale) di Delphi si può contrapporre la totale libertà di programmare senza sostenere costi in altri linguaggi come Java, Python, PHP, C, C#, C++. Tutte queste soluzioni sono tuttavia manchevoli di qualche cosa: chi la capacità di funzionare su più piattaforme, chi la mancata abilità di creare interfacce utente senza ricorrere a software di terze parti, chi la totale gratuità del compilatore, chi la possibilità di vendere il software generato senza noie e limitazioni.

Il compilatore Free Pascal Compiler (FPC) ed il suo ambiente di sviluppo d'elezione, Lazarus, sopperiscono a tutte queste mancanze. Essi infatti:

- sono installabili su sistemi macOS, Windows e Linux in totale gratuità. Se si sceglie di programmare in ambiente Linux ne consegue che avremo una postazione di lavoro totalmente libera da costi di licenze ed altre amenità.
- compilano eseguibili senza soffrire di alcuna limitazione commerciale, a differenza di Delphi Community Edition
- possono creare programmi completi di interfaccia utente in maniera semplice, senza dover modificare eccessivamente il codice per farlo funzionare su un sistema piuttosto che un altro.
- vengono forniti con tutta una serie di librerie e classi per agganciarsi a database pre-esistenti
- possono effettuare il cross-compiling, e cioè creare eseguibili per altri sistemi operativi
- possono creare eseguibili da far funzionare anche su sistemi mobile, pur se questa non è la vocazione principale di questo duo di pacchetti.

In altre parole Free Pascal Compiler e Lazarus provano in tutti i modi a tener fede al loro slogan che è "scrivi una volta, compila dovunque" (*"write once, compile everywhere"*).

1.3 Con tutti i linguaggi che c'erano...

Più di qualcuno potrebbe domandarsi come mai io abbia scelto di spiegare, a modo mio ovviamente, il Pascal e l'Object Pascal piuttosto che altri linguaggi più popolari e "alla moda", come Python, C#, C++ o Java.
La motivazione è presto detta: si tratta di un linguaggio che, pur completissimo nelle sue funzionalità (che lo rendono al pari degli altri "concorrenti" in gara), è estremamente rigoroso e facile da capire.
Come vedremo in seguito persino la struttura di un programma in Pascal segue una logica ben precisa, proprio per aiutare il neofita a seguire una traccia lineare per la programmazione. Inoltre è un linguaggio un po' verboso e, sebbene per molti puristi questa sia una caratteristica negativa, io la trovo estremamente positiva.

Un linguaggio di programmazione che imiti il più possibile il linguaggio umano consente una memorizzazione più facile e, a prima vista, una più semplice interpretazione di qualsiasi listato che ci sia dato da leggere. In altri termini, Object Pascal è chiaro, semplice e molto intuitivo mentre lo stesso non si può dire, ad esempio, del C o (peggio ancora) del C++.
Sia chiaro, si tratta di linguaggi davvero potentissimi e dotati di compilatori fenomenali ma, come disse un mio amico ingegnere tanti anni fa, "per ogni riga in C dovresti aggiungere una riga di commento, giusto per comprendere meglio cosa stavi facendo (!)". Ora, io non so se questo mio amico avesse ragione o meno ma è vero che, più o meno, tutti i linguaggi di programmazione fanno le stesse cose: più spesso cambiano le sintassi che le funzionalità.
Un po' come esprimere lo stesso concetto in italiano o in francese.

E allora, in virtù di questo, perché non optare per un linguaggio

- semplice da capire
- agile ma nel contempo potente
- con strumenti caratterizzati dalla totale gratuità ed alla portata di tutti

per illustrare i fondamenti della programmazione?

1.4 Ok, ok ma dove scarico tutto?

Come ho detto sopra, Free Pascal e Lazarus sono due pacchetti gratuiti, scaricabili rispettivamente da www.freepascal.org e da www.lazarus-ide.org.

Si può usare benissimo Free Pascal anche senza l'editor avanzato Lazarus: chi è già avvezzo alla programmazione può usare Eclipse, Visual Studio Code o altri editor di testo. Tuttavia consiglio caldamente di utilizzare Lazarus perché è praticamente "pappa e ciccia" con Free Pascal, lo pilota grandemente ed è facile da configurare. Inoltre chi proviene da Delphi troverà il tutto molto familiare anche se, a differenza del pacchetto software di Embarcadero, le richieste di sistema sono veramente basse. L'intero ambiente di sviluppo occupa infatti poco più di un gigabyte su disco, può girare su processori Intel, AMD, ARM nelle rispettive varianti a 32 o a 64 bit.
Quanto a memoria RAM, Free Pascal è ben poco esoso: con 4 gigabyte di memoria su Linux siamo a cavallo, davvero, anche se è evidente che il processo di compilazione beneficerà di maggior memoria presente nel sistema operativo.

Free Pascal e Lazarus sono disponibili per Windows, Macintosh e Linux: al momento in cui scrivo Lazarus è alla versione 4.0 e Free Pascal Compiler alla 3.2.2. Le informazioni per poter scaricare ed installare i software sono disponibili presso i siti sopraelencati: preferisco non mettere istruzioni precise e puntuali per evitare che esse possano divenire inservibili col passare del tempo.
Posso comunque suggerire di puntare il nostro browser su www.lazarus-ide.org per avere un accesso facilitato allo scaricamento ed all'installazione di entrambi i pacchetti: tutte le informazioni necessarie sono contenute nella prima pagina. Lazarus e Free Pascal funzionano a partire da Windows 7, macOS 10.12 "High Sierra" e Linux (praticamente tutte le distribuzioni). La piattaforma d'elezione per questo manualetto è Linux perché:

- è una piattaforma in aggiornamento costante,
- non richiede computer stellari per poterla utilizzare e, soprattutto...
- ... è completamente gratis!

Vi pare poco? Da questo punto utilizzeremo Linux Mint 21.3 come sistema operativo, una distribuzione linux basata su Debian, leggera e potente allo stesso tempo. Potete trovarla su www.linuxmint.com.

Ora io do per scontata l'installazione di Linux sul vostro computer: in caso di difficoltà esistono tonnellate di risorse sul Web per aiutarvi nell'impresa, che prescinde dalle finalità di questo libro. Terminata l'installazione, puntate il vostro browser sul sito www.lazarus-ide.org per scaricare questi tre file, a seconda che abbiate optato per un'installazione a 32 o 64 bit[1]

[1] I link si trovano presso l'URL: https://sourceforge.net/projects/lazarus/files/

Sistema a 32 bit	Sistema a 64 bit
fpc-laz_3.2.2-210709_i386.deb	fpc-laz_3.2.2-210709_amd64.deb
fpc-src_3.2.2-210709_i386.deb	fpc-src_3.2.2-210709_amd64.deb
lazarus-project_4.0.0-0_i386.deb	lazarus-project_4.4.0-0_amd64.deb

Non ha molta importanza, a livello di apprendimento, se sceglierete un'installazione a 32 o 64 bit: come detto in precedenza Lazarus e Free Pascal Compiler hanno richieste di sistema molto abbordabili, che ci permettono di riutilizzare magari quel vecchio portatile un tantinello obsoleto che abbiamo riposto in qualche soffitta. Quello che è un po' più importante è l'ordine di installazione: suggerisco di seguire l'ordine della tabella sopra per minimizzare eventuali errori.[2]

1.5 Qualche convenzione tipografica prima di iniziare

All'interno di questo manualetto tutti i comandi che costituiranno essere righe di codice saranno visibili con questo carattere. Molto spesso inoltre, per facilità di lettura, interi listati risulteranno separati dagli altri paragrafi in questo modo :

```
program Project1;
begin
end.
```

I comandi e le parole riservate al linguaggio verranno segnalate con `questo tipo di carattere`: verrà usato per costrutti come `if...then`, `else` o `on...do`, ad esempio.
Quando invece intenderò avere a che fare direttamente con l'interfaccia utente di Lazarus, utilizzerò **questo tipo di scrittura**. Un esempio potrebbe essere richiamare l'impareggiabile help online andando a cliccare sulle voci di menu **Aiuto → Aiuto in linea**.
L'output generato dal programma, visibile sia dal terminale che dalla Console in/Output sarà mostrato in questa maniera:

Console

questo è l'output di un programma (sperando che sia giusto!)

[2] Si può optare anche per installare il pacchetto Lazarus anche su vecchi computer Macintosh o sistemi che supportino Windows.Tuttavia il resto di questo manualetto verrà improntato su di un computer basato su Linux, come detto sopra, per mantenere lo sviluppo e l'apprendimento liberi e gratuiti a qualsiasi livello.

Quando si parlerà di operazioni matematiche in genere, esse saranno segnalate con questo carattere:

$$1 + 1 = 2$$

Non vi preoccupate, non ci saranno tonnellate di matematica in questo testo, solo quelle strettamente necessarie.

1.6 Perché ho voluto scrivere questo libro?

Per spiegare perché mi sia venuto in mente di cimentarmi con questa semplice opera di divulgazione informatica, dovrei prendere come spiegazione l'incipit di un meraviglioso romanzo di Marco Presta[3] che inizia in questa maniera:

"Sono un vecchiaccio."

Ebbene sì, sono proprio un vecchiaccio in campo informatico: tenete presente che io parlo ancora di "informatica" e non di "information technology" o di "competenze nel campo dell'IT". Sono uno di quei dinosauri che crede ancora negli algoritmi costruiti bene, con cura ed attenzione ai dettagli: una di quelle persone che non crede alla rincorsa a questo o a quel linguaggio di programmazione, non convinta del fatto che l'intelligenza artificiale (argomento per cui tutti oggi sembrano impazziti) sia la panacea di tutti i mali.
Il mio pensiero è rivolto ai ragazzi ed alle ragazze che vogliono programmare un software con un vecchio computer notebook all'interno delle loro camerette da letto, un po' come è accaduto a generazioni di programmatori prima di loro. L'intento è quello di accendere la loro curiosità su come funzionano i computer dietro le quinte e, magari, di aiutarli in questo percorso di crescita. Come fanno i vecchi, d'altronde![4]

Una piccola ma doverosa precisazione credo vada fatta: sono perfettamente conscio che esistano libri di gran lunga più belli di questo, nel capo dell'Objective Pascal. Mi riferisco in particolare ai testi di Marco Cantù e ad alcuni testi sacri che riguardano l'ambiente operativo Delphi che sono stati pubblicati nel corso degli anni.
Tuttavia riguardano soprattutto il pacchetto Delphi che il linguaggio in sé; questo mio umile compendio vuole essere invece una sorta d'introduzione ai fondamenti d'informatica tramite l'utilizzo di un dialetto facile da comprendere, adatto a tutti e che può regalare qualche ora piacevole di fronte al personal computer. Non sono riuscito a trovare in vendita, in altre parole, un testo in italiano che insegni nel

[3] Marco Presta, "Un calcio in bocca fa miracoli", Einaudi, 2011.

[4] Una piccola curiosità: in questo libro troverete diversi riferimenti agli anni '80 e '90. Ve l'ho detto: sono un vecchiaccio!

contempo ai neofiti a programmare in un linguaggio semplice e a capire un po' più in profondità come ragionino i dispositivi elettronici che utilizziamo ogni giorno.

1.7 Primi passi

Se avviamo Lazarus, come prima cosa vedremo una nutrita serie di finestre ed alcune linee di codice nella finestra "Editor sorgente": si tratta di un programma già inserito di default che funge da inizio per qualsiasi applicazione che preveda delle finestre e dei bottoni.

Per il momento a noi non interessa: da questo momento in poi, per una buona parte del libro, se vogliamo creare un programma dobbiamo andare in alto a sinistra nel menu **File → Nuovo...**

Da lì cerchiamo l'opzione "Programma semplice" all'interno della voce "Progetto" (**Progetto → Programma semplice**). L'editor sorgente, questo giro, mostrerà qualcosa di molto più semplice chiamato project1.lpr. Al suo interno troviamo poche righe.

```
program Project1;
begin
end.
```

Premendo **F9** il codice funzionerà correttamente ma non farà nulla (per il momento premete Invio nella finestra informativa che si aprirà). Perfetto, è arrivato il momento di imparare a programmare da zero! [5]

[5] Do per scontata, in questo mio testo, la conoscenza di comandi base dell'informatica come il creare cartelle, entrarvici dentro e far partire i programmi.

2 Archeologia informatica

2.1 Ma il byte non è quella cosa che si mette in bocca?

Se si ha la sfortuna cosmica d'incappare in una pubblicità che abbia a che fare con il mondo dell'informatica è pressoché impossibile non notare come essa faccia sempre riferimento a bit e a byte.

Ma di che cosa stiamo parlando, in verità?

Questo capitolo vuole essere un'introduzione ad argomenti che, sebbene possano sembrare desueti e "fuori moda", sono in realtà i principi primi con cui qualsiasi programmatore è tenuto ad approcciarsi.

Ah, dimenticavo: con *qualsiasi linguaggio* abbia intenzione di cimentarsi.

Il bit è una parola macedonia, composta cioè da parti dei termini inglesi "binary digit", cifra binaria. Se nella nostra realtà quotidiana siamo soliti usare il sistema decimale, un computer non lo gradisce molto: egli accetta cioè solo due stati, on ed off, acceso e spento, in concomitanza col fatto che una tensione elettrica passi o meno nel circuito.

Questo comporta che il sistema da lui apprezzato non sia decimale ma, per l'appunto, binario. Dobbiamo quindi trovare la maniera di trasformare una cifra decimale (maniera che piace a noi) in una binaria (modalità gradita al computer); in altre parole dobbiamo eseguire un cambiamento di base.

Per cambiare di base ad un numero dobbiamo dividerlo per la cifra che fungerà da nuova base e tenere il resto. Se vi siete persi nel ragionamento forse conviene tornare un po' bambini ed utilizzare un abaco; poniamo il caso di avere 29 palline da dividere nel nostro abaco a base 10.

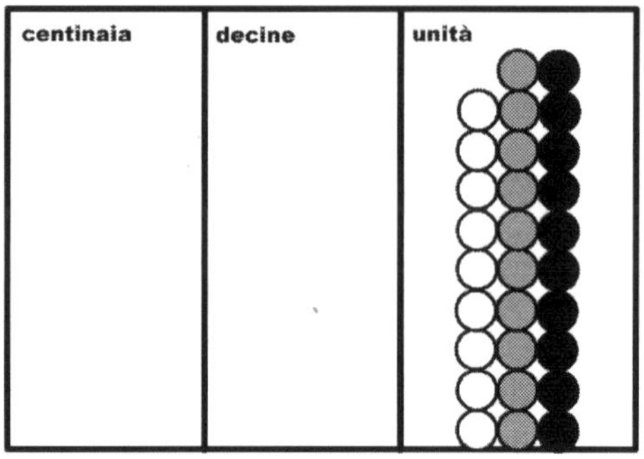

Ogni 10 palline la maestra ci avrebbe detto di spostare una pallina nel gruppo delle decine, in questo modo:

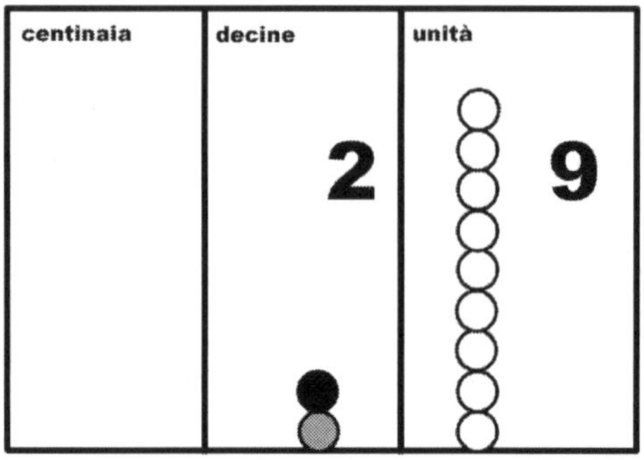

Qui avremmo terminato: le unità rimanenti (9) non sarebbero state sufficienti a creare una nuova decina.

Proviamo ora, per comprendere meglio il meccanismo, a trasformare il nostro numero 29 in base 5.
Per poterlo fare dobbiamo seguire la stessa procedura,raggruppando però 5 palline per volta a partire dalle unità.

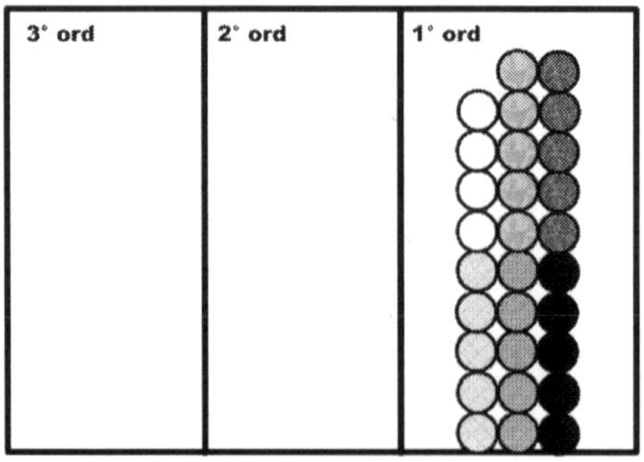

Ogni 5 palline mettiamo una pallina nel secondo box:

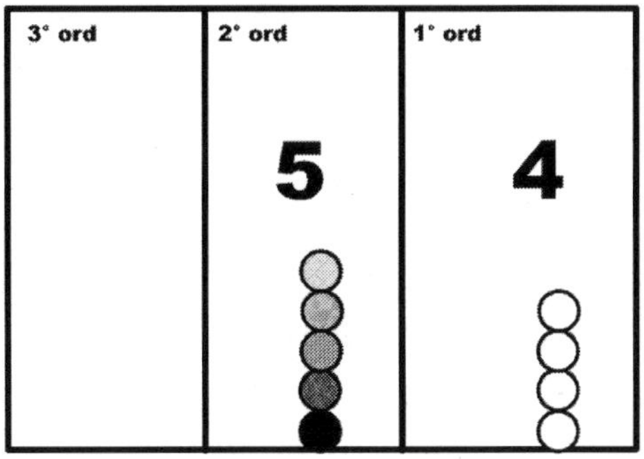

La cosa non finirebbe qui perché, nel secondo ordine (il nostro box) ci sarebbero ancora 5 palline, che si trasformano in questa maniera:

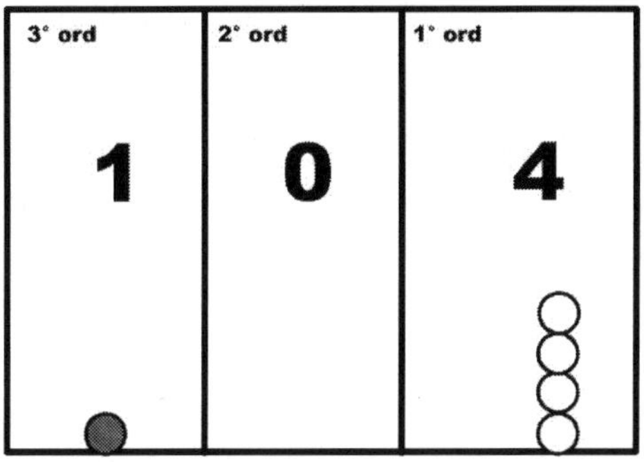

Eccoci arrivati anche qui alla fine della nostra conversione: possiamo dunque dire che 29 in base 10 viene rappresentato come 104 in base 5. Lo si scrive in questa maniera, mettendo la base a pedice e chiusa tra parentesi:

$$29_{(10)} = 104_{(5)}$$

Se vogliamo eseguire l'operazione contraria, cioè ritornare da 104 in base 5 a 29 in base 10 si usa un sistema polinomiale, adoperando le potenze in questa maniera:

$$104_{(5)} = (1 \cdot 5^2) + (0 \cdot 5^1) + (4 \cdot 5^0) = 25 + 0 + 4 = 29_{(10)}$$

Ne consegue che la formula, a livello generale, è questa:

$$(x)_B = a_n \cdot B^n + a_{n-1} \cdot B^{n-1} + \cdots + a_2 \cdot B^2 + a_1 \cdot B^1 + a_0 \cdot B^0$$

Se guardiamo con attenzione anche 29 in base 10 può essere scomposto nella stessa maniera.

$$29_{(10)} = (2 \cdot 10^1) + (9 \cdot 10^0) = 20 + 9 = 29_{(10)}$$

In parole povere, questo sistema polinomiale funziona con qualsiasi base intera gli venga data in pasto. E con la base 2 come ci si dovrà comportare? Semplice, alla medesima maniera.

Il ragionamento che sta sotto a questo spostamento di biglie da un lato all'altro dell'abaco, indipendentemente dal tipo di base, sottende una serie di divisioni continue. Quando abbiamo traformato 29 da base 10 a base 5, ottenendo la rappresentazione 104...

$$29_{(10)} = 104_{(5)}$$

...altro non abbiamo fatto se non dividere costantemente per 5 e tenere il resto. Date un'occhiata a questa serie di operazioni:

Operazione	=	Quoziente	Resto
29/5	=	5	**4**
5/5	=	1	**0**
1/5	=	0	**1**

Il numero $104_{(5)}$ lo otteniamo leggendo i resti dal punto più basso della tabella a quello più alto: definiremo, in questo specifico esempio, 1 la nostra cifra più significativa[1] e 4 quella meno significativa[2].

Perché leggiamo gli interi dal basso in alto?

Per il fatto che stiamo spacchettando il numero partendo dalle unità risalendo progressivamente verso le potenze più alte della base. D'altro canto lo abbiamo visto prima che l'operazione diventa

$$104_{(5)} = (1 \cdot 5^2) + (0 \cdot 5^1) + (4 \cdot 5^0) = 25 + 0 + 4 = 29_{(10)}$$

Anche 29 in base 10 non sfugge a questa logica di tipo divisorio:

Operazione	=	Quoziente	Resto
29/10	=	2	**9**
2/10	=	0	**2**

[1] In inglese MSB, sigla per *Most Significant Bit*.

[2] Sempre dall'inglese LSB, *Least Significant Bit*.

Il procedimento, come abbiamo visto prima, è perfettamente identico.

$$29_{(10)} = (2 \cdot 10^1) + (9 \cdot 10^0) = 20 + 9 = 29_{(10)}$$

Addentriamoci adesso in una conversione di tipo binario, tanto cara ai computer. Non vi preoccupate, non vi tedierò con altri ulteriori disegni: come avrete potuto notare, questo è un campo in cui proprio non sono eccellente!
Iniziamo con un numero semplice, 11:

$$11_{(10)} = ?_{(2)}$$

Solita trafila di prima, divisioni costanti tenendo da parte il resto:

Operazione	=	Quoziente	Resto
11/2	=	5	**1** ← LSB (bit meno significativo)
5/2	=	2	**1**
2/2	=	1	**0**
1/2	=	0	**1** ← MSB (bit più significativo)

Congratulazioni: siamo stati in grado di parlare al computer in un linguaggio che lui sia in grado di capire. Difatti...

$$11_{(10)} = 1011_{(2)}$$

Anche in questo caso la direzione di lettura procede *dal basso verso l'alto.*[3]
Già che ci siamo, proviamo a trasformare il nostro 29 in base 10 di prima in numerazione binaria. Seguiremo il medesimo processo:

Operazione	=	Quoziente	Resto
29/2	=	14	**1**
14/2	=	7	**0**
7/2	=	3	**1**
3/2	=	1	**1**
1/2	=	0	**1**

[3]Per i numeri interi. Per la parte frazionaria sarà a rovescio ma lo vedremo a tempo debito

Proviamo a leggere il risultato?

$$29_{(10)} = 104_{(5)} = 11011_{(2)}$$

Credo sia abbastanza lampante notare come, tanto più il numero da convertire diventa grande in base 10, tanto più esso diventi sconsideratamente enorme (da scrivere s'intende) in base 2. D'altro canto dobbiamo ricordare che per definire un valore in numerazione binaria disponiamo solo di due cifre, cioè 0 ed 1.

A livello storico nell'informatica si è manifestata, quindi, la necessità di accorpare i vari bit in gruppi, per meglio riuscire a gestirli a livello di programmazione. Venne perciò definito il *byte*, un gruppo di bit.
Sì, va bene, ma questo "byte" quanti bit doveva contenere?
Se creiamo un gruppo di 4 bit il numero massimo è 15. Infatti, se il byte è fatto di soli numeri 1[4]...

$$\begin{aligned} 1111_{(2)} &= (1 \cdot 2^3) + (1 \cdot 2^2) + (1 \cdot 2^1) + (1 \cdot 2^0) \\ &= 8 + 4 + 2 + 1 = 15_{(10)} \end{aligned}$$

Un byte di 4 bit arriverebbe fino a 15 come valore massimo, un po' poco direi.
Si passò ad un numero di 7 bit per byte con l'avvento della codifica ASCII (vedremo in seguito) e poi agli ormai standard 8 bit per byte quando IBM introdusse la codifica EBCDIC[5] su schede perforate. A quel punto lo standard per il byte era stato praticamente definito: un byte corrisponde ad 8 bit e può assumere valori tra 0 e 255.

E per i valori negativi, come si fa? Come fa un computer a capire, data una semplice sequenza di 1 e 0 se un numero è positivo o negativo?
Esistono due soluzioni possibili per ovviare a questo problema:

- Rappresentazione con modulo e segno
- Complemento a due

Il primo metodo utilizza un bit, solitamente il più a sinistra [6]per indicare il segno (0 per positivo, 1 per negativo) e i bit restanti per il valore assoluto.
Facciamo un esempio. Per un sistema ad otto bit il valore 5 verrebbe rappresentato in questa maniera...

$$5_{(10)} = 00000101_{(2)}$$

[4]Mettendo tutti numeri 1 ci garantiamo il più grande dei numeri che quella rappresentazione binaria può contenere.

[5]Per i più curiosi: https://it.wikipedia.org/wiki/EBCDIC

[6]Il nostro *Most Significant Bit*

mentre il valore -5 in quest'altra...

$$-5_{(10)} = 10000101_{(2)}$$

Se utilizziamo questo metodo andiamo incontro ad un problema abbastanza grosso: esistono infatti due rappresentazioni possibili dello 0 che danno problemi nelle operazioni matematiche di addizione e sottrazione. Inoltre si crea tutta una serie di problematiche relative alle somme e alle differenze in generale tale per cui questa tecnica non viene più usata da molto.[7]

Il complemento a due è il sistema oggi implementato per la rappresentazione dei numeri negativi all'interno di un personal computer. Parte fondamentalmente dalle stesse considerazioni del sistema precedente: utilizza cioè sempre il bit più significativo per indicare il segno ma si comporta in maniera sostanzialmente diversa se il numero da rappresentare è negativo.
Se un numero è positivo, il bit più a sinistra è 0 e si legge tutto normalmente, come negli esempi fatti sopra.
Se invece il MSB è 1, il numero è negativo e per conoscere il valore:

- Si controlla il valore del MSB. È uguale a 1 → il valore è negativo.
- Si invertono tutti i bit
- Si aggiunge 1
- Si legge il risultato come valore assoluto in decimale
- Si aggiunge il segno -

Facciamo un esempio con un sistema a 4 bit, tanto per rendere le cose decisamente più agevoli.
Il valore binario 1101, in complemento a due, a cosa corrisponde in decimale?

$$1101_{(2)} = ?_{(10)}$$

Analizziamo: il valore del bit più a sinistra, quello più significativo, è uguale ad 1? Sì, lo è e quindi il numero è negativo: teniamocelo a mente.
Ora, se invertiamo tutti i bit otteniamo il valore 0010.
Aggiungiamo 1 ed il risultato è: 0011 facendo i calcoli di cui sopra, ne consegue che...

$$0011_{(2)} = 2^1 + 2^0 = 2 + 1 = 3_{(10)}$$

[7] Non mi soffermo troppo sui particolari perché questo esula dallo scopo di questo manuale, rimandando a pubblicazioni più specialistiche.

Ma prima abbiamo detto che il numero era negativo, quindi dobbiamo aggiungere il segno.
Ne consegue che il valore 1101, *col metodo del complemento a due*, è questo:

$$1101_{(2)} = -3_{(10)}$$

Ora proviamo a fare l'inverso, e cioè passare da un valore decimale ad uno binario sempre utilizzando il metodo del complemento a due. Questo il compito:

$$-5_{(10)} = ?_{(2)}$$

Dobbiamo trasformare il valore assoluto 5 in binario, invertire i bit, aggiungere 1 ed il gioco è fatto.

$$5_{(10)} = 0101_{(2)}$$

Adesso andiamo ad invertire tutti i bit, per cui da 0101 si passa ad 1010.
Al bit meno significativo, quello tutto a destra, andiamo ad aggiungere 1. Il valore diventerà così 1011 ed il gioco è fatto! Il numero -5, nella notazione a complemento a due, diventa 1011.

$$-5_{(10)} = 1011_{(2)}$$

Ammetto che questa sia una procedura decisamente complicata. Ma allora perché la si usa?
Non voglio addentrarmi in eccessivi tecnicismi che esulerebbero dal contesto di questo manuale: basti sapere che il complemento a due permette di eseguire operazioni algebriche in maniera corretta, anche se il computer non sa se il numero abbia un segno o meno. Facciamo un caso davvero molto semplice:

$$+5_{(10)} + (-5_{(10)})$$

Il primo 5 rimane inalterato mentre per il secondo utilizziamo il complemento a 2:

$$0101_{(2)} + 1011_{(2)} = 0000_{(2)}$$

Come nel caso della procedura con modulo e segno, anche nel complemento a due sacrifichiamo il bit più a sinistra per indicarci se un numero è positivo o negativo. Questo ha un impatto fondamentale e cioè riduce della metà i valori possibili da una parte o dall'altra dello 0.
Infatti un byte intero, che ricordo essere costituito da 8 bit, non potrà più assumere i valori compresi tra 0 e 255 ma tra -128 e +127.[8]

Ma come fa il computer a sapere se il valore 1011 è, ad esempio, uguale ad 11 o a -5?
Bisogna informarlo e dirgli come trattare il dato, se con o senza segno. In base a come noi definiamo il tipo di numero allora il calcolatore applicherà criteri diversi d'interpretazione: se indichiamo un valore come senza segno (*unsigned*) il computer comprenderà i bit come un numero positivo puro. Se al contrario lo definiamo con segno (*signed*) allora i bit saranno interpretati come un numero in complemento a due, fornendo cioè un valore che potrà essere positivo o negativo.
Posso comprendere che questo tipo di spiegazione possa essere foriero di un buon mal di testa ma vedrete che in seguito tutto tornerà utile.
Nel frattempo, ecco qui sotto una tabella che definisce alcune unità di misura base per i bit:

Numbero di bit	Nome comune	Valori ammessi
4	nibble	0...15
8	byte	0...255
16	word	0...65.535
32	longword	0...4.294.967.294

Vedremo in seguito come questi numeri si inseriranno dentro Object Pascal.

Anche i bytes possono essere organizzati in ordine di grandezza, come i grammi con i chilogrammi e i metri con i chilometri: sicuramente anche voi avete sentito parlare di "gigabyte". Nel corso degli anni, inutile dirlo, è stata fatta una grossa confusione con queste unità di misura per un motivo banale: si è voluto utilizzare multipli in base 10 per valori codificati in base 2.
Da questa simpatica baraonda, sfruttata soprattutto per finalità pubblicitarie e commerciali, è nata l'esigenza nel 1998 di ridefinire i multipli del byte, cosa che ancora oggi, a distanza di oltre vent'anni, divide i programmatori. Qui sotto un piccolo schema riassuntivo:

[8] Non dimenticatevi che anche lo zero è un valore e come tale ha una precisa rappresentazione!

Prefissi Sistema Internazionale		
Nome	**Simbolo**	**Multiplo**
kilobyte	KB	10^3
megabyte	MB	10^6
gigabyte	GB	10^9
terabyte	TB	10^{12}

Prefissi binari		
Nome	**Simbolo**	**Multiplo**
kibibyte	KiB	2^{10}
mebibyte	MiB	2^{20}
gibibyte	GiB	2^{30}
tebibyte	TiB	2^{40}

Queste tabelle, in ultima analisi, non fanno altro che sottolineare ancora una volta quanto sia difficile per noi ragionare in base 2 dal momento che, fin dagli albori dell'informatica, abbiamo preferito utilizzare il Sistema Internazionale piuttosto che quello binario. In altre parole credetemi quando vi dico che, se parlate di "gibibyte" e di "tebibyte" ad un qualsiasi programmatore professionista, egli vi guarderà come se foste dei marziani.

Un ultimo piccolo dettaglio: che quello che si mette in bocca è il "bite" e non il "byte"! ☺

2.2 Architetture... invisibili!

Quando ero piccolo i computer erano ad 8 bit, poi i miei genitori mi acquistarono un Amiga 500, con architettura a 16 bit. Poi ci furono i computer a 32 bit, oggi sono praticamente tutti a 64 bit. L'unica cosa che ha accomunato ogni singolo passaggio sono stati i mirabolanti slogan pubblicitari che promettevano indicibili meraviglie. Ma cosa significa, veramente, tutto ciò? Per spiegarci dobbiamo suddividere, idealmente, il nostro computer in tre parti così composte:

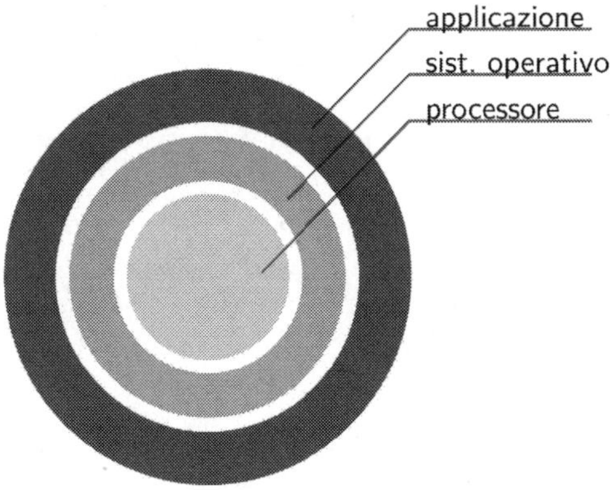

Un processore a 32 bit è in grado di gestire numeri e dati fino ad una grandezza massima, per l'appunto, di 4 byte per volta. Tra le tipologie particolari di valori che un processore può gestire ci sono anche i puntatori (li vedremo in seguito) che altro non sono se non numeri che rappresentano indirizzi nella memoria RAM. Quale sarà dunque l'indirizzo di memoria più alto che un processore a 32 bit potrà gestire? Teoricamente il valore 4.294.967.294 (guardate bene, è il valore di una longword, ricordate?) che corrisponde grossomodo a 4 GiB: oltre quel limite nessun processore a 32 bit può andare.
I sistemi operativi che utilizzano processori a 32 bit sono anch'essi allineati e strutturati per utilizzare al meglio quei famosi 4 GB di memoria: anche se ce ne fosse di più presente nel computer, loro non saprebbero indirizzarla e quindi utilizzarla in alcuna maniera.

Con il prosperare di computer dotati di oltre 4 GB di RAM, anche i processori dovevano essere adattati per poter sfruttare tutto il potenziale: ecco da dove nascono i processori a 64 bit, che possono indirizzare oltre 16.777.216 TiB.
Tanto per dare un'idea della mostruosità di questo numero basti sapere che tutto lo scibile umano stampato si può memorizzare in un terzo di esso. Inoltre un processore a 64 bit, avendo la capacità di manipolare dati formati da 8 byte alla volta, possiede una maggiore precisione e potenza di calcolo.

In questo discorso abbiamo però ignorato il terzo anello del disegno superiore: l'applicazione. Se un determinato programma viene creato con la capacità di utilizzare tutto ciò che i 64 bit possono permettere (ad esempio numeri molto alti) ma si trova in un ambiente operativo a 32 bit è possibile aspettarsi dei malfunzionamenti o addirittura che il sistema operativo non permetta l'avvio dell'applicazione. La regola generale è che un'applicazione a 32 bit può[9] essere eseguita su un livello più basso dei componenti a 64 bit ma non viceversa; un sistema operativo può funzionare su di una CPU a 32 o 64 bit, un' applicazione a 32 bit può funzionare su un sistema a 32 o 64 bit. Ma se la nostra applicazione è

[9] L'allineamento tra le processore, sistema operativo ed applicazione è così importante che le più recenti versioni di macOS richiedono l'assoluto allineamento a 64bit di tutte e tre le componenti, pena il mancato fuzionamento del programma da eseguire.

a 64 bit allora anche i restanti elementi devono essere a 64 bit. Qui sotto un paio di tabelle riassuntive, utilissime per complicarvi la vita:

Cosa è compatibile con una CPU a 32 bit?				
Processore (CPU)	32 bit	32 bit	32 bit	32 bit
Sistema operativo (OS)	32 bit	32 bit	64 bit	64 bit
Applicazione	32 bit	64 bit	32 bit	64 bit
Compatibilità	**Sì**	**No**	**No**	**No**

Cosa è compatibile con una CPU a 64 bit?				
Processore (CPU)	64 bit	64 bit	64 bit	64 bit
Sistema operativo (OS)	64 bit	64 bit	32 bit	32 bit
Applicazione	64 bit	32 bit	32 bit	64 bit
Compatibilità	**Sì**	**Sì**	**Sì**	**No**

Come si può ben vedere si rivela praticamente fondamentale l'allineamento totale tra processore, sistema operativo ed applicazione: tutto deve essere costruito e concepito per una specifica architettura, pena non riuscire a far eseguire la nostra applicazione.

2.3 Lo scritto e l'orale

L'Object Pascal, per funzionare, ha bisogno di un compilatore: esso può essere Delphi di Embarcadero oppure il nostro Free Pascal Compiler.[10]

Ma cos'è un compilatore? Per rispondere dobbiamo comprendere la differenza tra linguaggi compilati ed interpretati.
Allo scopo di poter comunicare con la macchina, è necessario che il nostro programma, fatto di istruzioni comprensibili all'essere umano, sia tradotto in istruzioni specifiche per la macchina. Un po' come accade per i numeri, che devono essere rappresentati in formato binario, la stessa cosa accade per le istruzioni da fornire al computer. Linguaggi come il BASIC dei primordi, il PHP o Python hanno bisogno di una sorta di un "qualcosa nel mezzo" che si frapponga tra il codice che abbiamo scritto e la macchina stessa.

Immaginate ora questa scena: un giornalista vuole intervistare una celebre popstar coreana utilizzando un interprete. Quest'ultimo trasforma le domande man mano che esse vengono pronunciate, con un processo quantomai lento: talvolta il tono è un po' tedioso, monocorde e la traduzione magari poco accurata. D'altra

[10] Per gli amici "FPC": da adesso in poi utilizzerò spesso questa sigla.

parte lui non sa quali domande stiano per arrivare, né la qualità delle risposte a lui fornite: in entrambi i casi i due interlocutori sono liberi di imbastire il discorso come meglio aggrada loro, in tempo reale, senza preoccuparsi di chi dovrà trasformare le loro parole. L'interprete si dovrà dar da fare per essere il più veloce e preciso possibile.

Ma se sia la popstar che l'intervistatore, al posto di fare delle domande oralmente e "al volo", dessero al nostro interprete e *in anticipo* un foglio scritto con la serie delle questioni e delle eventuali risposte?
Lui avrebbe tutto il tempo per svolgere il suo compito e certamente si avrebbe un risultato migliore: il nostro professionista riuscirebbe a comprendere meglio il discorso, curerebbe di più la pronuncia e l'inflessione. Magari potrebbe riuscire nell'intento di ottimizzare la risposta in base al destinatario.Tuttavia, sia la cantante che il giornalista dovrebbero rinunciare alla possibilità di cambiare le domande una volta scritte: carta canta!

In soldoni, un compilatore crea un programma eseguibile che non ha bisogno di interpreti ma che non è possibile cambiare senza avere il codice sorgente: le domande scritte in lingua originale, nell'esempio di prima. Proviamo ora a riportare in una tabella la similitudine precedente:

Linguaggi compilati	**Linguaggi interpretati**
Viene creato un file binario non modificabile	Il codice sorgente è modificabile in ogni momento
Le istruzioni vengono inviate direttamente al processore	Le istruzioni devono essere tradotte da un interprete per poi essere inviate al processore
Essendo il programma già tradotto esso risulterà più veloce	Dovendo essere interpretato ogni volta, il programma risulterà più lento

2.4 Oggetti e trattorie

Immaginate una situazione del genere: la trattoria "*da Abelarda*" è completamente piena, stipata di clienti che devono mangiare.
La cuoca è indaffaratissima: corre a destra e a manca, seguendo prima una portata e poi l'altra, divisa tra la cottura dei bucatini ed il fare attenzione che la crema per il dolce non si attacchi alla pentola. Inutile dire che qualcosa alla nostra cuoca sfuggirà di mano e che il risultato finale inglomberà più di qualche mancanza ed errore.

Agli albori dei computer, questa stessa metodologia di lavoro era applicata alla stesura del codice, con un sacco di comandi "GOTO" ("Vai a...") disseminati ovunque. Cambia l'ambiente di lavoro, dalla cucina al tavolo del programmatore, ma la sostanza no: anche in questo caso i listati erano lunghissimi e difficili da leggere, data l'enormità di rimandi a questa o quell'altra riga.

A metà degli anni Ottanta del secolo scorso si è pensato ad un nuovo paradigma di stesura del codice sorgente, divenuto poi utilizzatissimo a partire dagli anni Novanta: la programmazione orientata agli oggetti.
Se vogliamo mantenere inalterata la similitudine precedente, la situazione nella trattoria "*da Abelarda*" si sarebbe modificata in questa maniera: ad un certo punto la cuoca, stanca del suo continuo andirivieni tra una postazione e l'altra, avrebbe assunto uno specialista con la delega ai dolci e magari un altro sottocuoco con il compito di provvedere alla carne alla griglia. Ognuno di questi professionisti avrebbe avuto compiti specifici, non intercambiabili e da espletare in completa autonomia.
Non solo: in caso di risultati scadenti, ad esempio nella preparazione dei dolci, questa soluzione avrebbe permesso alla capo cuoca di sostituire solo il pasticcere e non tutto il resto del personale di cucina.

La programmazione orientata agli oggetti, indipendentemente dal linguaggio di sviluppo utilizzato, prevede alcune caratteristiche tipiche: proviamo a spiegarle mantenendo l'esempio di prima.
Alla base di tutto troviamo la classe. Per la nostra Abelarda una classe potrebbe essere, ad esempio, il suo "pasticcere ideale": per lei è quasi un sogno ad occhi aperti, una persona che sa già che non potrà mai trovare. Per lei si tratta di un professionista che dovrebbe avere caratteristiche precise, come la pulizia e la precisione, ed essere in grado di fare molte cose oltre a conoscere una moltitudine di tecniche golose.

Abelarda era convinta di non riuscire mai a trovare una persona del genere. Poi Abelarda ha conosciuto Pierre, capo pasticcere che rispondeva a tutte le sue richieste: un po' come se tutti i suoi desideri in campo dolciario si fossero avverati. Ecco, parafrasando, Pierre è l'oggetto[11]della classe "pasticcere ideale".

Pierre è un professionista in gamba e ha delle conoscenze proprie che non vuole far sapere a nessuno, nemmeno ad Abelarda. Ad esempio sa qual è la temperatura giusta per far caramellare lo zucchero senza bruciarlo (Abelarda in questo è sempre andata ad occhio...). Questo aspetto si definisce *incapsulamento*: certe caratteristiche di una classe possono essere pubbliche o private. D'altra parte, ad Abelarda, cosa sarebbe servito sapere al temperatura giusta per il caramello? È Pierre a capo dei dolci, non lei; tanto vale non riempirsi la testa di cose inutili che non le servono per portare avanti la baracca.

Altra caratteristica base è l'ereditarietà, cioè la possibilità di creare nuove classi basate su classi esistenti. Una nuova classe può ereditare gli attributi e i metodi dalla classe genitore, consentendo così di estendere o specializzare il comportamento esistente. Avete presente il famoso caso in cui "l'allievo supera il maestro"? Ecco, quello è un perfetto esempio di ereditarietà, anche nella programmazione orientata agli oggetti. È l'allievo di kung-fu che crea una nuova tecnica dopo aver assorbito

[11]In molti casi i libri ed i linguaggi di programmazione usano il termine "istanza" al posto di oggetto ma non mi è mai piaciuto adoperarlo.

tutti gli insegnamenti del proprio maestro, è lo studente del pasticcere Pierre che crea tutta una linea di dolci senza glutine cui il proprio maestro non aveva mai pensato, usando le medesime basi del pasticcere capo.

Infine abbiamo il *polimorfismo*, che si riferisce alla capacità di utilizzare oggetti di diverse classi in modo uniforme. Nella cucina di Abelarda, il pasticcere Pierre potrebbe eseguire i seguenti compiti

- crea una torta tonda
- crea una torta di compleanno
- crea una torta da matrimonio
- crea una torta ovale

A seconda dei parametri forniti, Pierre farà sempre una torta ma con destinatari e risultati diversi: in Object Pascal la medesima funzione potrà, a seconda dei parametri forniti e del loro numero, condurre a risultati diversi.[12]

In un programma moderno esistono pezzi di codice che si occupano solo dell'interfaccia utente, altri che si occupano della gestione dei dati (caricamento e salvataggio), altri ancora che magari sottendono ad altre funzioni. In ogni caso, ciascuno di questi *oggetti* lavora in maniera indipendente dall'altro, permettendo una più alta leggibilità del codice sorgente ed una più semplice gestione degli errori.
Non solo: nel caso di un'applicazione creata da un singolo programmatore, gli oggetti permettono di focalizzarsi su di un singolo aspetto alla volta, ottimizzando i tempi di sviluppo e concentrando l'attenzione sulle singole caratteristiche di ciascuna soluzione. Nel caso in cui, invece, si lavori in un team, a ciascun membro del gruppo può essere dato lo sviluppo di un singolo oggetto.
La programmazione orientata agli oggetti permette poi una maggiore riusabilità del codice, per via del concetto di ereditarietà espresso sopra; la manutenzione del software diventa inoltre più agevole. Le modifiche possono essere apportate più facilmente in un'area specifica del codice, senza dover riscrivere intere sezioni dell'applicazione.
In ogni caso il risultato è lo stesso: se lo sviluppo del programma (la cucina di cui sopra) è gestito bene, i risultati saranno ottimali e portati a compimento in breve tempo.
Possiamo tranquillamente affermare che, nel complesso, l'OOP è un paradigma di programmazione potente e flessibile che può essere utilizzato per scrivere codice più efficiente, leggibile e modulare.

[12] Non me ne vogliano i puristi della programmazione orientata agli oggetti: so bene che la questione è molto più complessa ed articolata di così ma si tratta solo di un esempio semplice allo scopo di far intendere concetti più complessi.

Ecco cosa differenzia fondamentalmente il Pascal di Wirth (e dei primordi) dall'Object Pascal che utilizziamo oggi e che lo rende un linguaggio moderno ed eccellente per creare applicazioni di spessore. Prima di poter affrontare la programmazione orientata agli oggetti dobbiamo fare un excursus attraverso i fondamenti del linguaggio.

3

Le fondamenta di un linguaggio

3.1 La struttura di un programma in Object Pascal

Come affermato in precedenza, Pascal è nato con l'idea di risolvere i problemi con un approccio particolarmente preciso e rigoroso.
Se al principio questa metodologia può sembrare un po' limitante e scomoda, in realtà essa consente di aumentare drasticamente la leggibilità del nostro codice. Inoltre ci forza a valutare ex-ante tutte le variabili e le risorse di cui abbiamo bisogno, prima ancora di poterne fare uso. Ecco come è definito, tipicamente, un programma in Pascal ed Object Pascal:

1. nome del programma
2. inserimento di altre unità
3. dichiarazione delle costanti
4. dichiarazione dei tipi
5. dichiarazione delle variabili
6. dichiarazione ed implemementazione delle funzioni e delle procedure
7. blocco principale del programma
8. chiusura del programma

Andiamo ora a vedere come si implementano questi elementi all'interno di un programma semplicissimo, il classico "Hello World!". Per prima cosa andiamo a creare un nuovo programma semplice. Ricordate? Per farlo, una volta aperto Lazarus, bisogna andare sul menu **File → Nuovo...** e, successivamente, sull'opzione **Progetto → Programma semplice**. Cancelliamo tutto quello che compare nell'editor sorgente ed, al suo posto, scriviamo le seguenti righe:

```
program HelloWorld;
begin
    WriteLn('Hello World');
end.
```

Salviamo il nostro programma con il menu **File → Salva come...** (magari all'interno di una cartella di nostro gradimento) col nome di Hello.lpr e premiamo **F9**. A questo punto il programma mostrerà una finestra di questo genere:

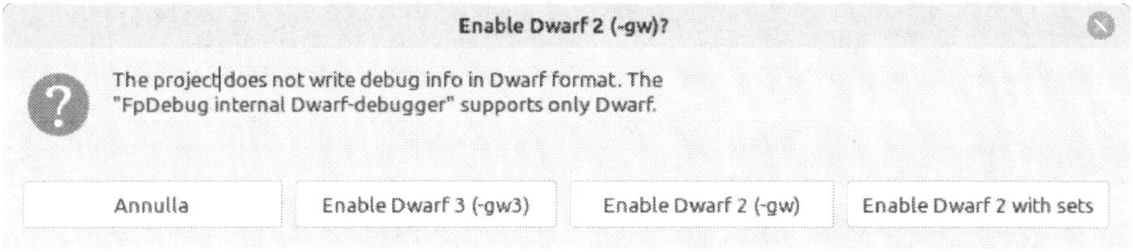

Non fatevi prendere dal panico: è solo un'informazione da parte del debugger a cui potete ovviare cliccando su **Enable Dwarf 2 with sets**. Adesso, entrando nella cartella in cui abbiamo salvato tutto troveremo una situazione come questa:

```
drwxrwxr-x 3 riccardo riccardo 4,0K lug 20 16:31 lib
-rwxrwxr-x 1 riccardo riccardo 416K lug 20 16:32 Hello
-rw-rw-r-- 1 riccardo riccardo 1,5K lug 20 16:32 Hello.lpi
-rw-rw-r-- 1 riccardo riccardo 55 lug 20 16:32 Hello.lpr
-rw-rw-r-- 1 riccardo riccardo 671 lug 20 16:32 Hello.lps
```

Se siete proprio degli aspiranti nerd, duri e puri, potete benissimo (in questo listato ed in tutti gli altri che seguiranno) evitare di usare Lazarus. Dal momento che tutti i nostri codici sorgente altro non sono che file di testo, sarà possibile adoperare l'editor di testo base di Linux Mint ("*xed*"), salvare il file preferibilmente con l'estensione *.pas* e poi invocare, da Terminale, il comando `fpc` in questa maniera, ad esempio...

Console

```
fpc mioProgramma.pas
```

Ai fini della comprensione di questo manuale non cambia nulla; scegliete voi la soluzione che più vi aggrada.
Cerchiamo di capire che cosa ha prodotto FPC (Free Pascal Compiler), chiamato

dalla pressione del nostro tasto **F9** di prima.[1] I file con l'estensione .lpi e .lps sono file di configurazione del progetto dell'ambiente di sviluppo: se infatti proviamo a chiudere Lazarus e a cliccare sul file Hello.lpi ritorniamo alla nostra situazione di partenza. Il file Hello.lpr (che sta per "Lazarus Program") contiene il codice che abbiamo scritto prima. Entriamo dentro alla cartella in cui abbiamo salvato il file Hello.lpr e diamo il comando:

```
./Hello
```

Il mirabolante risultato sarà questo:

Console

```
Hello World
```

Ok, so che non è tutto questo granché ma perlomeno è un inizio, no?!?
Se volete potete controllare il risultato della nostra prima applicazione anche senza uscire da Lazarus: basta semplicemente attivare la Console In/Output. Per farlo dovete portarvi sul menu **Visualizza → Finestre di debug → Console In/Output** oppure semplicemente premere la combinazione di tasti **Ctrl + Alt + O**.[2]
Torniamo a bomba al nostro piccolo listato e vediamo di capire come è costruito un programma in Object Pascal.
La prima riga stabilisce il nome del programma e va chiusa con un punto e virgola. A seguire la dichiarazione del blocco principale del programma `begin`, un comando che mostra alla console una linea di testo `WriteLn('Hello World');` e poi la chiusura del programma `end.`
Da notare il punto alla fine dell'ultimissimo comando. Funziona esattamente come nel linguaggio parlato e cioè: quando si arriva al punto, il discorso finisce, a riprova dello sforzo di Wirth nel creare un linguaggio simile a quello colloquiale. In questo caso abbiamo rispettato la lista di prima? Certamente sì, anche se abbiamo saltato molti punti: d'altra parte il programma era molto semplice e non era necessario passare attraverso tutti.
Tuttavia basta fare una piccola modifica per cominciare ad usarli. Proviamo a modificare il programma per farci restituire la data e l'ora odierna.

```
program HelloTime;

```

[1] O dalla pressione del tasto Invio, se utilizzate l'accoppiata editor di testo e FPC a Terminale.

[2] Attenzione che questo carattere è una O (come "Otranto") e non uno zero.

```
// inseriamo qualcosa di ...nuovo

{$mode objfpc}

uses
  SysUtils;

var
  dataStringa: String;
  dataNormale: TDateTime;

begin
  dataNormale := Now();
  dataStringa := DateTimeToStr(dataNormale);
  WriteLn('Hello World, oggi è il '+dataStringa);
end.
```

Come si può vedere, al programma di prima abbiamo aggiunto un paio di cosette. La prima è l'istruzione `{$mode objfpc}`: da adesso in poi la metteremo su tutti quanti i nostri listati.
Free Pascal Compiler accetta infatti vari "dialetti", varie implementazioni del linguaggio Pascal: la creatura del prof. Wirth ha infatti ha subito nel corso del tempo diversi rimaneggiamenti da parte di altrettanti differenti autori. Per essere sicuri di utilizzare le potenzialità di Object Pascal è più sicuro apporre questa piccola riga all'inizio dei nostri codici sorgenti, subito dopo l'intestazione del programma.

```
    program ilMioProgramma;
```

Non si tratta di una vera *istruzione* in Object Pascal quanto una direttiva al compilatore di utilizzare un certo tipo di idioma.

La seconda cosa è l'inserimento del comando (`uses`): essi ci indica che dobbiamo caricare altri files affiché il nostro programma funzioni, nello specifico `SysUtils`. In quel file sono contenute delle funzioni che ci permettono di manipolare il tempo e le date. Disgraziatamente per noi il tempo si può manipolare, con una certa facilità, solo nei linguaggi di programmazione.
Il comando uses è stato preceduto da una riga che recita:

```
// inseriamo qualcosa di nuovo
```

Questo è un commento: in altre parole una riga che verrà totalmente ignorata dal compilatore ma comunque salvata nel codice sorgente. Ci permette di scrivere informazioni aggiuntive e spiegazioni per i nostri comandi ma anche alcune nostre considerazioni personali.

In Object Pascal è possibile scrivere i commenti in tre forme diverse:

```
()*Questo è un commento multiriga*)
{Anche questo è un commento multiriga}
// questo è invece un commento monoriga
```

I primi due tipi sono commenti che possono estendersi per più righe di codice mentre la terza non permette di andare a capo nei commenti.
Un piccolo esempio vale più di mille parole:

```
program DolceFarNulla;

begin
  (* Ora commento utilizzando le
  parentesi tonde e gli asterischi *)

  { Adesso invece commento utilizzando
    solo le parentesi graffe}

  // Questo invece è un commento monoriga.
  // Se voglio andare a capo devo utilizzare
      ↪ necessariamente
  // la doppia barra per ogni singola riga che voglio
      ↪ scrivere.
end.
```

Se provate a compilare questo programma esso non farà nulla: d'altra parte avete solo commentato del codice senza in realtà aver indicato alcuna istruzione al compilatore. Poco più sotto dichiariamo una variabile di tipo stringa di caratteri (non vi preoccupate, ci torneremo su) e la chiamiamo "dataStringa", oltre ad un'altra variabile di tipo `TDateTime` e cioè "dataNormale". Quando si entra nel blocco principale del programma (`begin`), a quel punto chiamiamo due funzioni contenute nella unità `SysUtils` e cioè:

- la funzione `Now`che ci fornisce la data e l'ora correnti sotto forma di tipo `TDateTime`
- la funzione `DateTimeToStr` che trasforma un tipo `TDateTime` in una stringa di caratteri

Alla fine uniamo il tutto con la funzione, già vista prima, `WriteLn`. Se compiliamo e avviamo il programmino otterremo una cosa di questo genere:

Console

Hello World, oggi è il 5-4-23 16:17:44

Se siete arrivati fin qui e siete un po' confusi col concetto di "tipi", "stringa", "funzione" e via dicendo state tranquilli: tutto verrà dipanato tra poco. Quello che mi premeva far notare è come il listato rimanga leggibile e chiaro, pur essendo molto rigoroso. Se infatti proviamo ad invertire i punti del linguaggio di cui parlavamo sopra, in questo modo ad esempio,

```
program HelloTime;

{$mode objfpc}

var
  dataStringa: String;
  dataNormale: TDateTime;

uses
  SysUtils;

begin
  dataNormale := Now();
  dataStringa := DateTimeToStr(dataNormale);
  WriteLn('Hello World, oggi è il '+dataStringa);
end.
```

noteremo che il compilatore si lamenta: abbiamo inserito delle variabili prima ancora di dichiarare le unità aggiuntive nel programma. Poco da fare: lì c'è il ramo, lì c'è la foglia e noi non possiamo sovvertire le cose. Alla stessa maniera non ha nemmeno senso modificare la struttura perché quest'ordine mantiene chiaro e leggibile il listato.

Se c'è un aspetto in cui Object Pascal non è assolutamente rigido è la maniera in cui si scrivono i comandi: in altre parole, il linguaggio non è *case-sensitive*. Possiamo scrivere `writeln`, `WriteLn` o `writeLn` ma il risultato non cambia affatto e, credetemi, non è cosa scontata: Java, Objective-C ed altri sono linguaggi *case-sensitive* e sono, almeno per me, una fonte di eterna frustrazione.

Non solo ma certe funzioni, come `Now` di cui all'esempio sopra, possono essere chiamate con `Now` oppure `Now()`.[3]

[3] Sempre che la funzione non supporti dei parametri ma questo lo vedremo in seguito.

3.2 A volte si cambia, a volte no...

Come abbiamo detto prima, i "tipi" altro non sono che... tipi di dati!
Esistono dati come le stringhe di caratteri, i numeri interi, i numeri con la virgola, le condizioni vero/falso ed anche strutture (insiemi) di tipi di dati diversi!
Alla fine sono oggetti che noi utilizziamo costantemente in moltissime situazioni.

Consideriamo per esempio un esame scolastico od universitario: ci saranno domande in cui la nostra risposta sarà vero/falso, altre in cui magari dovremo fornire il risultato di un calcolo, altre ancora in cui il nostro compito sarà indicare elenchi di valori o caratteristiche. Ci saranno casi infine in cui magari dovremo fornire una risposta aperta e discorsiva.
Anche i linguaggi di programmazione non fanno eccezione e provano ad implementare questo paradigma. Un listato in Object Pascal è, come si dice in gergo nerd, "fortemente tipizzato".
Per comprendere questo concetto dobbiamo assumere che, per un computer, tutto è un numero; sia che abbiamo a che fare con un file audio, con una foto o con una cifra su di un foglio di calcolo, per lui tutto si risolve in sequenze complesse di numeri. Esistono linguaggi, come l'assembly (se ve lo ricordate non siete poi tanto giovani) o come il C che sono debolmente tipizzati: vuol dire cioè che, possiamo fare operazioni aritmetiche anche su sequenze di caratteri, se vogliamo. D'altro canto, come vedremo poi, anche un singolo carattere equivale ad un numero preciso.
Volendo riprendere l'esempio dell'esame di cui sopra, questo si sarebbe tradotto col fatto che magari avremmo potuto tranquillamente fornire la risposta di tipo discorsivo al nostro esaminatore come una sequela ininterrotta di numeri. Col suo piglio arcigno, l'esaminatore l'avrebbe letta tutta dall'inizio alla fine, comprendendo ogni concetto. Il linguaggio Pascal nacque con l'idea di insegnare a programmare in maniera rigorosa ed efficiente e, per far comprendere meglio le cose, si optò per una tipizzazione forte, che tradotto significa: un certo tipo di dato non può essere maneggiato con funzioni che non lo riguardino o trattato in maniera arbitraria ed indefinita.
Questa scelta comporta lo svantaggio di una ridotta libertà di maneggiare i dati, a cui si contrappone la capacità di controllare meglio il codice durante la compilazione. Infatti, se i dati sono stati usati impropriamente, ad esempio si è cercato di sommare un numero ad una stringa di caratteri, il processo di compilazione si blocca restituendo un errore: a quel punto è più semplice capire dove abbiamo sbagliato.
Possiamo definire i dati in due sottogruppi fondamentali:

- quelli che non cambiano
- quelli che possono assumere valori diversi

Il primo gruppo assume il nome di "costanti", il secondo di "variabili": viva la fantasia!
Una costante, in Pascal e direi in tutti i linguaggi che conosco, è forse il dato meno tipizzato in assoluto: può trattarsi di molteplici cose, di un singolo carattere, di un numero intero o con la virgola, di una condizione vero/falso. L'unica certezza di cui disponiamo è che questi valori non possono essere alterati in alcuna maniera. È buona norma indicare le costanti prima delle variabili, anche se invertire le cose non porta ad alcun errore di compilazione. Ecco qui sotto alcuni esempi:

```
const
   Nome = 'Riccardo';
   pi = 3.1415;
   Ci_Sto_Capendo_Qualcosa = FALSE;
   Annata = 1977;
```

L'altro gruppo, quello delle variabili, è invece decisamente più numeroso e mostra la forza di questo linguaggio. Cominciamo col dire che, per definire un tipo di variabile la sintassi è questa:

```
   variabile:tipo di variabile
```

Facciamo alcuni esempi:

```
var
   a: Integer;
   d: Real;
   c: Boolean
```

Possiamo anche dichiararli insieme, se il tipo di valore rimane identico:

```
var
   anni, numero_civico:Integer;
   paese, indirizzo, nome, cognome:String;
```

In fase di inizializzazione di una variabile possiamo anche conferirle un valore specifico, ad esempio:

```
var
   p:Real=3.14;
```

Esiste una precisa differenza tra i comandi := e =. Il primo è un comando di assegnazione del valore, il secondo invece si occupa di confrontare un numero con un altro. Se scrivo `pi:=3.14` sto dando a `pi` il valore di 3,14 mentre se scrivo `pi=3.14` sto accertandomi del fatto che pi valga esattamente 3,14 (particolarmente durante un'operazione di confronto).

3.3 Sereno variabile

Pensavate di esservela cavata così a buon mercato, con una manciata di costanti e variabili? E invece no, Object Pascal può anche creare dei nuovi tipi di dati da zero, a patto che utilizziamo delle forme di dati che lui conosce.

É un po' come giocare con i famosi mattoncini colorati: possiamo costruire nuove forme e sbizzarrirci a patto che utilizziamo sempre gli stessi tipi di blocchi. Per capire meglio vediamo un esempio banale:

```
program tipi;

{$mode objfpc}

type
  numero = integer;
var
  valore: numero = 10;

begin
  WriteLn('Valore è uguale a ',valore);
end.
```

Se andiamo ad eseguire questo programma l'output sarà questo:

Console

```
Valore è uguale a 10
```

Cosa è successo? Semplice abbiamo definito un nuovo tipo di variabile chiamato `numero`. In altre parole, `valore` è una sorta di alias per un altro tipo di dato numerico, parallelamente a quanto avviene al comando *typedef* nel linguaggio C. La logica seguita è questa, simile ad un sillogismo:

- `numero` è un tipo di `Integer` → cioè è un numero intero
- `valore` è un tipo di `numero` → `valore` è di tipo `Integer`

Credetemi, non avrei mai pensato di tirare in ballo Aristotele in un manuale per un linguaggio di programmazione ma tant'è. ☺
Se per un semplice numero la cosa può sembrare banale (anche se concettualmente non lo è affatto), questo stratagemma si rivela in realtà molto utili con i dati di tipo più strutturato e complesso, che tratterò in seguito.
Andiamo ad analizzare alcune delle varie tipologie di variabili. Esse possono essere racchiuse all'interno di alcune famiglie, come dall'elenco qui sotto:

1. di tipo numerico
2. di tipo carattere
3. puntatori
4. strutturate
5. di tipo Variant
6. raccolte di variabili
7. array di varabili

3.3.1 Variabili di tipo numerico

Le variabili di tipo numerico possono essere intere o frazionarie.
Gli interi non possono avere cifre decimali (ovvio direi...) e assumono i seguenti valori:

Tipo	Range dei numeri possibili	Bytes occupati
`Byte`	0...255	1
`ShortInt`	-128 ...+127	1
`SmallInt`	-32768 ...+32767	2
Word	0 ...65535	2
`Integer`	Decide FPC in base al valore	4
`Cardinal`	Corrisponde al longword	4
`LongInt`	-2.147.483.648 ...2.147.483.647	4
`LongWord`	0 ...4.294.967.295	4
`Int64`	-9.223.372.036.854.775.808 ... 9.223.372.036.854.775.807	8

In questo caso diventa importante sapere quanta memoria allocare per ogni singola variabile. Sarebbe perfettamente inutile riservare, ad esempio, un `Cardinal` se il valore massimo che può raggiungere la variabile è 100, come nel caso di un valore percentuale intero; in quest'ultimo caso infatti un `Byte` sarebbe stato ben più che sufficiente.

Vi ricordate tutto quel pippone enorme che vi ho fatto nel secondo capitolo, relativamente al complemento a due ed ai numeri interi?
Ecco qui dove salta fuori, nella scelta delle variabili.
Nel caso di valori come `SmallInt, ShortInt, LongInt`, ad esempio, il calcolatore andrà a rappresentare internamente i numeri come complementati a due mentre in tutti quei casi (come `byte`) in cui i valori sono positivi il valore sarà semplicemente convertito di base.
I numeri reali sono anch'essi particolarmente utilizzati in Object Pascal: la loro caratteristica più importante è la precisione, ragion per cui esistono variabili reali che possono avere fino a 20 cifre dopo la virgola. Con il tipo `Single` abbiamo a disposizione 8 cifre dopo la virgola, con il `Double` arriviamo a 16 cifre. Ecco un breve prospetto di questa tipologia di variabili:

Tipo	**Range dei numeri possibili**	**Bytes occupati**
`Byte`	$0 \ldots 255$	1
`Real`	dipende dalla piattaforma	4 oppure 8
`Single`	$1.5 \cdot 10^{-45} \ldots 3.4 \cdot 10^{38}$	4
`Double`	$5.0 \cdot 10^{-324} \ldots 1.7 \cdot 10^{308}$	8
`Extended`	$3.6 \cdot 10^{-4951} \ldots 1.1 \cdot 10^{4932}$	10

Chiaramente su questo tipo di variabili è possibile applicare degli operatori aritmetici di varia natura. Ecco alcuni di essi:

Operatore	**Operando**	**Funzione**
+	reali, interi, char	somma
-	reali, interi, char	sottrazione
*	reali, interi, char	moltiplicazione
/	reali, interi, char	moltiplicazione
`div`	interi	restituisce il quoziente (o il quoto)
`mod`	interi	restituisce il resto della divisione

Se poi vogliamo confrontare valori diversi in Pascal, questi sono gli operatori disponibili:

Operatore	Funzione
<	minore
<=	minore o uguale
=	uguale
<>	diverso
>	maggiore
>=	maggiore o uguale

Tutto bene, tutto facile? A prima vista sembrerebbe di sì ma le sorprese non finiscono qui!

Andiamo adesso ad affrontare uno degli argomenti che da sempre sono fornitori gratuiti di mal di testa per i programmatori: i numeri con la virgola, o numeri reali. Andiamo a creare un nuovo Programma semplice **(File → Nuovo... → Progetto → Programma semplice)** con Lazarus e digitiamo queste poche righe:

```
program ControlloReali;

{$mode objfpc}

var
  F: Single;

begin
  F := 0.1;
  If F = 0.1 Then
    WriteLn('Uguale')
  Else
    WriteLn('Non uguale');
end.
```

Non abbiamo ancora parlato dell'operatore `if...then, else` ma possiamo sintetizzare il programma in questa maniera:

- crea la variabile F
- affidiamo ad F il numero decimale 0,1[4]
- controlliamo se F è uguale a 0,1: se è così facciamo apparire il messaggio "Uguale" altrimenti "Non uguale"

[4] Notate come la virgola decimale in italiano venga sostituita dal punto in questo ed altri linguaggi di programmazione.

Tanto per cominciare fate attenzione alle due righe 9 e 10:

```
9   F := 0.1;
10  If F = 0.1 Then
```

Con la prima riga usando l'operatore := noi assegnamo un valore a F mentre con l'operatore = andiamo solo a controllare se una condizione è vera o falsa: in altre parole l'utilizzo dei "due puntini" cambia radicalmente il significato ad una frase. Scritto tutto? Perfetto, è un programma talmente sciocco che nulla potrebbe andare storto. Ora un bel click sul vostro tasto **F9** e avviamo il programma: potete visualizzare l'output su Lazarus se premete **Ctrl+Alt+O**, mostrando così la finestra di output. In qualsiasi caso questo sarà il risultato:

Console

```
Non uguale
```

Ok, potete tirare su la mascella adesso.
Com'è possibile che una variabile, stranamente, non sia uguale a... sé stessa?!?
Riusciamo solo a comprenderlo se abbiamo bene in testa come i computer trattano i numeri con la virgola.
I numeri reali per un personal computer possono essere di due tipi:

- a virgola fissa
- a virgola mobile

In informatica, un numero a virgola fissa è una rappresentazione decimale di un valore numerico che utilizza un quantitativo fisso di cifre decimali dopo la virgola, indipendentemente dal valore stesso del numero. In parole semplici, la virgola è "fissa" in una posizione prestabilita e non può essere spostata. Per la spiegazione dividerò una word in due parti da 8 bit ciascuna, una per la parte intera ed una per la parte decimale.

	Parte intera									Parte frazionaria							
Posizione	7	6	5	4	3	2	1	0	,	-1	-2	-3	-4	-5	-6	-7	-8
Valore	x	x	x	x	x	x	x	x	,	x	x	x	x	x	x	x	x

Prendiamo per esempio il numero $21,25$ e proviamo a trasformarlo

$$21,25_{(10)} = ?_{(2)}$$

Abbiamo visto che per convertire la parte intera bisogna fondamentalmente ricorrere ad una serie di divisioni per 2, dato che questa è la base in cui dobbiamo convertire il numero. Per la parte intera il risultato sarà questo:

$$21_{(10)} = 10101_{(2)}$$

Andiamo ad inserirla nella tabella appena qui sopra:

	Parte intera									Parte frazionaria							
Posizione	7	6	5	4	3	2	1	0	,	-1	-2	-3	-4	-5	-6	-7	-8
Valore	x	x	x	**1**	**0**	**1**	**0**	**1**	,	x	x	x	x	x	x	x	x

Facile no? In fin dei conti non abbiamo fatto altro che applicare la tecnica di conversione di base per gli interi vista nel capitolo precedente.
Adesso, per la parte frazionaria, al posto di ricorrere ad una serie di divisioni per 2 andremo ad utilizzare delle *moltiplicazioni* per la stessa base. Di ogni passaggio prenderemo la parte INTERA ed andremo a ri-moltiplicare la parte frazionaria.[5]
Nel nostro esempio cominciamo con 0,25.

Operazione	=	Parte intera	Parte frazionaria
$0{,}25 \cdot 2$	=	**0**	0,5
$0{,}5 \cdot 2$	=	**1**	0,0
$0{,}0 \cdot 2$	=	**0**	0,0
$0{,}0 \cdot 2$	=	**0**	0,0
...			

Potremmo continuare per un buon numero di volte ma continuando a moltiplicare 0 per 2 avremmo costantemente 0. È da notare che non solo cambia l'operazione da fare ma *si inverte anche la direzione di lettura dei valori*, procedendo dall'alto verso il basso. Terminando possiamo dire che:

$$21{,}25_{(10)} = 10101{,}01_{(2)}$$

[5]Se vi ricordate nella conversione di un numero intero abbiamo tenuto il resto, cioè la parte frazionaria nel frattempo che andavamo a dividere continuamente la parte intera. Il ragionamento è condotto in maniera esattamente speculare, uguale e contraria.

Utilizzando la tabella che ho riportato sopra, la rappresentazione si presenterebbe in questa maniera:

	Parte intera									Parte frazionaria							
Posizione	7	6	5	4	3	2	1	0	,	-1	-2	-3	-4	-5	-6	-7	-8
Valore	0	0	0	**1**	**0**	**1**	**0**	**1**	,	**0**	**1**	0	0	0	0	0	0

Se volessimo trasformare il valore binario in decimale possiamo farlo utilizzando lo stesso schema adoperato nel capitolo precedente.

$$\begin{aligned} 10101,01_{(2)} &= 1 \cdot 2^4 + 1 \cdot 2^2 + 1 \cdot 2^0 + 1 \cdot 2^{-2} \\ &= 16 + 8 + 1 + 1/4 \\ &= 21,25_{(10)} \end{aligned}$$

Qui sotto un piccolo prospetto del valore che assumono le potenze negative di 2:

Potenza	Valore	che equivale a
2^{-1}	0,5	1/2
2^{-2}	0,25	1/4
2^{-3}	0,125	1/8
2^{-4}	0,0625	1/16
2^{-5}	0,03125	1/32
2^{-6}	0,015625	1/64
2^{-7}	0,0078125	1/128
2^{-8}	0,00390625	1/256

Abbiamo visto che la trasformazione da binario a decimale ha restituito il valore corretto. Ma proviamo a fare un altro esempio: andiamo a convertire il numero $10,3$ in formato binario.

$$10,3_{(10)} = ?_{(2)}$$

La parte intera è facilmente risolvibile:

Operazione	=	Quoziente	Resto
10/2	=	5	**0**
5/2	=	2	**1**
2/2	=	1	**0**
1/2	=	0	**1**

Vediamo ora cosa succede se andiamo a convertire la parte decimale del numero con la tecnica di cui sopra che, ricordiamolo, prevede la *moltiplicazione* anziché la *divisione*!

Operazione	=	Parte intera	Parte frazionaria
0,3 · 2	=	**0**	6
0,6 · 2	=	**1**	2
0,2 · 2	=	**0**	4
0,4 · 2	=	**0**	8
0,8 · 2	=	**1**	6
0,6 · 2	=	**1**	2
0,2 · 2	=	**0**	4
0,4 · 2	=	**0**	8
0,8 · 2	=	**1**	6
0,6 · 2	=	**1**	2
...			

Come si può vedere il processo porta ad un risultato periodico, a partire dall'operazione (0,2 · 2), ma siccome abbiamo un numero limitato di bit possiamo prendere solamente i primi otto valori. Il risultato finale sarà dunque:

$$10,3_{(10)} = 1010,010011001_{(2)}$$

Questa la sua rappresentazione:

	Parte intera									Parte frazionaria							
Posizione	7	6	5	4	3	2	1	0	,	-1	-2	-3	-4	-5	-6	-7	-8
Valore	0	0	0	0	**1**	**0**	**1**	**0**	,	**0**	**1**	**0**	**0**	**1**	**1**	0	0

Vogliamo controllare di non aver fatto errori? Non ci vuole molto:

$$
\begin{aligned}
& 1010,010011_{(2)} \\
&= (1 \cdot 2^3) + (1 \cdot 2^1) + (1 \cdot 2^{-2}) + (1 \cdot 2^{-5}) + (1 \cdot 2 - 6) \\
&= 8 + 2 + 0,25 + 0,03125 + 0,015625 \\
&= 10,296875_{(10)}
\end{aligned}
$$

Oops. . . qualcosa non torna. State tranquilli, il conto è giusto tuttavia è evidente che:

$$10,296875_{(10)} \neq 10,3_{(10)}$$

Perché accade questo? Molto semplice, perché la trasformazione di una parte decimale risente moltissimo delle limitazioni delle potenze negative di due.
Con tutti i problemi che questo comporta.
Se volete controllare la veridicità di questo fatto prendiamo lo stesso listato di prima, quello che controllava se $0,1$ fosse effettivamente uguale a $0,1$. Ricordate? Adesso lo modifichiamo scegliendo un valore diverso, quel $21,25$ di cui abbiamo fatto la conversione da decimale a binario e viceversa. Con la solita procedura di creazione di un "Programma semplice" all'interno di Lazarus (**File → Nuovo... → Progetto → Programma semplice)** andiamo a scrivere:

```
program ControlloReali;

{$mode objfpc}

var
  F: Single;

begin
  F := 21.25;
  If F = 21.25 Then
    WriteLn('Uguale')
  Else
    WriteLn('Non uguale');
```

```
end.
```

Mandate in esecuzione il programma e, nella **Console In/Output** di Lazarus (oppure nella vostra finestra di terminale) questo giro vedrete che il risultato sarà

Console

Uguale.

Questo accade perché il computer è riuscito a fare una conversione *esatta* del valore da decimale a binario (e viceversa) senza alcuna perdita di precisione: in altre parole non abbiamo lasciato alcun decimale per la strada.
Sembra incredibile ma è così: in un universo di computer sempre più performanti certi atavici problemi sono sempre pronti a presentarsi.
Il sistema della virgola fissa prevede vantaggi e svantaggi.

Vantaggi	
Vantaggio	**Motivazione**
Facile da implementare	Nessun esponente coinvolto
Molto veloce	Le operazioni sono simili agli interi
Perfetto per hardware povero	Usata in microcontrollori e IoT
Controllo totale della precisione	Sai esattamente dove sono i bit

Svantaggi	
Vantaggio	**Motivazione**
Gamma valori limitata	Si riduce di molto la fascia dei valori rappresentabili
Rigidità	Se scegli troppi decimali, perdi numeri grandi. Se scegli pochi, perdi precisione
Non standard	Diversi compilatori potrebbero riservare differenti bit agli interi o alla parte decimale

In Object Pascal il solo tipo di dato che potete utilizzare in virgola fissa è il `Currency`, usato e concepito prevalentemente per i sistemi valutari: occupa 8 bytes e gestisce 4 cifre dopo la virgola.

Il secondo, e più usato metodo, per la rappresentazione dei numeri reali è quello a virgola mobile.
Questa metodologia di rappresentazione binaria dei numeri reali nasce, come sempre accade in informatica, per risolvere una serie di problemi che si sono manifestati

durante l'utilizzo della tecnica precedente.
La virgola mobile permette di rappresentare numeri molto piccoli e molto grandi con la stessa quantità di memoria, grazie all'uso della notazione scientifica con mantissa ed esponente.

Ma cos'è la notazione scientifica? È un modo per rappresentare i numeri per il tramite di potenze di 10, altrimenti detto processo di *normalizzazione*.
Un numero si dice *normalizzato* quando è scritto in notazione scientifica con una cifra decimale diversa da zero prima del punto decimale. Prendiamo per esempio il numero 128: esso può essere rappresentato in questa maniera

$$128 = 1,28 \cdot 10^2$$

Anche un numero decimale come 0,0042 può essere rappresentato scientificamente in questa maniera:

$$0,0042 = 4,2 \cdot 10^{-3}$$

Se l'esponente è positivo la virgola si sposta a destra, altrimenti a sinistra.
Tuttavia, ai fini della nostra conversione in binario i nostri numeri normalizzati dovranno avere, per così dire, una marcia in più ed essere così formati:

- mantissa: un numero compreso tra 0,0000... e 0,9999...
- esponente: la potenza di 10

In altre parole, i nostri numeri per essere comodi dovranno essere inferiori ad 1.
Ancora, se volessimo scrivere 8,41 in forma normalizzata dovremmo scrivere in questo modo:

$$8,41 = 0,841 \cdot 10$$

Invece che scrivere la base 10 si può adottare questa forma, che più di qualcuno avrà magari visto per sbaglio nelle calcolatrici:

$$0,841E + 1$$

$E + 1$ rappresenta 10 elevato all'esponente $+1$ e credo sia ormai chiaro perché possiamo parlare di *virgola mobile*.
Con questo stratagemma in testa, l'Institute of Electrical and Electronics Engineers (un'associazione internazionale di scienziati professionisti con l'obiettivo della promozione delle scienze tecnologiche) ha ideato un modo, poi divenuto standard, per trasformare in codice binario qualsiasi tipologia di numero decimale.

Il documento principe di questa metodologia è l'IEEE 754, nato per facilitare la trasmissione dei dati da un programma all'altro.[6] Con il sistema a virgola fissa (quello di cui abbiamo parlato sopra) il numero dei bit riservato alla parte decimale è totalmente arbitrario mentre con la virgola mobile esso assume regole ben precise. Nel documento IEEE 754 sono elencati, tra gli altri, due tipi di dati in virgola mobile: a precisione singola e a precisione doppia.

Numero a precisione singola		
	32 bit	
← Segno →	← Esponente →	← Mantissa →
1 bit	8 bit	23 bit

Numero a precisione doppia		
	64 bit	
← Segno →	← Esponente →	← Mantissa →
1 bit	11 bit	52 bit

Il funzionamento di entrambe le tipologie di numero è identico quindi, per amore di semplicità, daremo uno sguardo al sistema a precisione singola.
Per scrivere un numero secondo lo standard IEEE 754 queste sono le azioni da compiere:

1. Determinare il bit del segno
2. Convertire il numero in forma binaria
3. Normalizzare il numero binario
4. Completare la mantissa
5. Aggiungere all'esponente il numero 127 e convertirlo

Proviamo a fare un primo esempio trasformando il numero $43,6875$ in precisione singola.
Per prima cosa notiamo che è positivo, quindi metteremo come bit di segno[7] uno 0.

+/-	Esponente	Mantissa
0	x x x x x x x x	x x x x x x x x x x x x x x x x x x x x x x x

Successivamente andiamo a trasformare il valore in base 10 ad uno in base 2 come

[6] Per maggiori informazioni: https://ieeexplore.ieee.org/document/8766229

[7] Il famoso MSB di cui vi ho parlato nel capitolo 2

spiegato sopra, utilizzando il metodo delle divisioni successive per la parte intera e delle moltiplicazioni successive per quella frazionaria.
Così facendo si ottiene questo risultato:

$$43,6875_{(10)} = 101011,1011_{(2)}$$

Noterete che fin qua non c'è molta differenza con il metodo a virgola fissa; tuttavia le similitudini finiscono qui perché adesso bisogna normalizzare il numero binario. Quando normalizziamo un numero binario la forma è sempre (1,M[8]) cioè 1 seguito dal resto delle cifre.

$$101011,1011 = 1,010111011 \cdot 2^5$$

La mantissa è la parte a destra della virgola, riempita con zeri a destra fino a riempire i 23 bit dello spazio a lei dedicato in questo tipo di rappresentazione. Il bit 1 a sinistra della virgola viene detto bit nascosto o implicito:
Andiamo ad aggiornare la nostra tabella:

+/-	**Esponente**	**Mantissa**
0	x x x x x x x x	0 1 0 1 1 1 0 1 1 0 0 0 0 0 0 0 0 0 0 0 0 0 0

Adesso dobbiamo aggiungere all'esponente il numero fisso 127 e convertirlo.
Sì, ma perché?
Come già affermato in precedenza 8 bit danno come massimo valore 255. Tuttavia come facciamo ad indicare degli esponenti negativi? Con un piccolo stratagemma, definito *offset* o *exponent bias*.
Dobbiamo immaginare infatti di far partire la conta degli esponenti non da 0 bensì da 127: tutti i numeri superiori a 127 saranno positivi mentre quelli inferiori negativi. Spiego con un esempio: se voglio indicare un esponente pari a 10 devo scrivere tra i bit il valore di 137. Infatti

$$127 + 10 = 137$$

Diversamente, se volessi scrivere un esponente pari, ad esempio, a -3 avrei dovuto indicare il valore di 124.

$$127 + (-3) = 124$$

In poche parole abbiamo traslato il nostro 0 al numero 127 e da lì si ragiona con gli esponenti, da cui il termine (molto azzeccato) di *exponent bias*.

[8] M sta per mantissa

Ritornando a bomba al nostro numero da convertire l'esponente in questo caso è pari a 5, ragion per cui:

$$127 + 5 = 132$$

$$132_{(10)} = 10000100_{(2)}$$

La nostra tabella è così completa:

+/-	Esponente								Mantissa																						
0	1	0	0	0	0	1	0	0	0	1	0	1	1	1	0	1	1	0	0	0	0	0	0	0	0	0	0	0	0	0	0

Altro esempio, giusto per fare un po' d'esercizio: riprendiamo il valore $10,3$ che c'ha fatto comprendere come i computer non gradiscano particolarmente i numeri frazionari. Tuttavia questa volta lo facciamo diventare negativo: $-10,3$.
Abbiamo detto che per prima cosa dobbiamo determinare il bit del segno: è negativo → il MSB sarà pari ad 1.

+/-	Esponente								Mantissa																						
1	x	x	x	x	x	x	x	x	x	x	x	x	x	x	x	x	x	x	x	x	x	x	x	x	x	x	x	x	x	x	x

Ora trasformiamo il tutto in binario:

$$10,3_{(10)} = 1010,01001100110011001_{(2)}$$

Spostiamo la virgola:

$$1010,01001100110011001 = 1,01001001100110011001 \cdot 2^3$$

Prendiamo la mantissa cioè la cifra dopo (1,) e la mettiamo nella tabella:

+/-	Esponente								Mantissa																						
1	x	x	x	x	x	x	x	x	0	1	0	0	1	0	0	1	1	0	0	1	1	0	0	1	1	0	0	1	1	0	0

Questo giro non è servito nemmeno riempire con degli zeri la mantissa perché 10,3 fornisce una rappresentazione binaria periodica.
Calcoliamo l'esponente: $127 + 3 = 130$ e convertiamolo in binario:

$$130_{(10)} = 10000010_{(2)}$$

Adesso la nostra tabella è nuovamente completa.

+/-	Esponente	Mantissa
1	1 0 0 0 0 0 1 0	0 1 0 0 1 0 0 1 1 0 0 1 1 0 0 1 1 0 0 1 1 0 0

Che ne dite, volete provare a fare il contrario? Ve la sentite? La formula per convertire un numero binario in decimale è questa

$$(-1)^s \cdot (1, M) \cdot 2^{e-k}$$

dove

- s è il valore del segno
- M è la mantissa
- e è l'esponente
- k è l'offset

Cercate di non prendere paura, ora spiego tutto: si tratta semplicemente del procedimento inverso usato finora ma espresso in una forma contratta.
Se andiamo a sostituire i valori otteniamo...

$$\begin{aligned}(-1)^1 \cdot (1,01001001100110011001100) \cdot 2^{130-127} \\ = -1 \cdot (1,01001001100110011001100) \cdot 2^3 \\ = -1010,01001100110011001100\end{aligned}$$

Trasformato in base 10 il risultato è...

$$11000001001001001100110011001100_{(2)} = -10.29999\ldots_{(10)}$$

Anche in questo caso, come volevasi dimostrare, le potenze negative di due hanno colpito ancora e salta fuori che il computer non è riuscito a convertire in maniera perfetta il valore richiesto.
D'altra parte...

$$-10,3_{(10)} \neq -10.29999\ldots_{(10)}$$

Oggi i numeri reali sono espressi, nei linguaggi di programmazione convenzionali, sempre in virgola mobile[9] per il semplice fatto che tale modalità permette di

[9] Ad eccezione, in Object Pascal, del tipo `Currency` come già detto

rappresentare numeri molto grandi e molto piccoli con lo stesso quantitativo di bit, senza considerare poi il fatto che si tratta di uno standard internazionale.
L'utilizzo della virgola mobile, tuttavia, è invenzione abbastanza recente: il documento IEEE 754 è stato pubblicato per la prima volta nel 1985 ed i processori dell'epoca non erano in grado di comprendere questa modalità di rappresentazione dei numeri.
La risposta venne fornita, in un primo momento dai cosiddetti coprocessori matematici (come il Motorola 68881 o il più famoso Intel 80387) che affiancavano la CPU nell'affrontare calcoli complessi. Oggi tutti i processori hanno al loro interno una FPU (o *Floating Point Unit*) cioè un'unità dedicata alla rappresentazione in virgola mobile.
Ripropongo la tabella di prima, certi che adesso sarete in grado di comprendere meglio il suo valore:

Tipo	**Range dei numeri possibili**	**Bytes occupati**
`Byte`	0...255	1
`Real`	dipende dalla piattaforma	4 oppure 8
`Single`	$1.5 \cdot 10^{-45} \ldots 3.4 \cdot 10^{38}$	4
`Double`	$5.0 \cdot 10^{-324} \ldots 1.7 \cdot 10^{308}$	8
`Extended`	$3.6 \cdot 10^{-4951} \ldots 1.1 \cdot 10^{4932}$	10

Abbiamo visto ormai che tutto, nel magico mondo dei computer, è un numero. I calcolo del tempo non sfugge a questa eccezione, dal momento che esso viene considerato alla stregua di un numero reale, più precisamente di un Int64.
Perché? Semplice, perché tale valore deve essere abbastanza grande, come numero dei byte richiesti, per contenere al proprio interno l'anno, il mese, il giorno, le ore, i minuti, i secondi, i decimi, i centesimi ed addirittura i millesimi di secondo! Ecco qui un semplicissimo programma che ci restituisce la data corrente[10]:

```
program dataDiOggi;

{$mode objfpc}

uses
  SysUtils;

var
  data: TDateTime;

```

[10] Da notare che si rende necessaria la presenza di utilizzare la unit SysUtils dal momento che contiene tutte le funzioni per manipolare le date. Senza di essa il programma restituirebbe un messaggio di errore.

```
begin
  data := Date();
  WriteLn('Ecco la data di oggi: '+DateToStr(data));
  WriteLn('"data" occupa ben '+IntToStr(sizeof(data))+'
      ↪ bytes!');
end.
```

Qui sotto qualche funzione utile per la manipolazione delle date in Object Pascal:

Funzione	Descrizione	Tipo risultato
`Now`	Ritorna data ed ora in un singolo valore	TDateTime
`Date`	Ritorna solo la data (senza ora)	TDateTime
`Time`	Ritorna solo l'ora (senza data)	TDateTime
`DateToStr(Date)`	Trasforma la data in una stringa	string
`TimeToStr(Time)`	Trasforma l'ora in una stringa	string
`StrToDate(s)`	Trasforma una stringa in una data	TDateTime
`StrToTime(s)`	Trasforma una stringa in un'ora	TDateTime

Anche la logica booleana diventa un numero dentro i computer: molto spesso, durante la creazione dei nostri programmi, diventa importante verificare che una data condizione sia vera oppure falsa.
In soccorso ci vengono le variabili di tipo `Boolean`, che possono accettare solamente due valori: TRUE o FALSE. Ecco una semplice dichiarazione:

```
var
  i:Boolean=FALSE;
```

In Objective Pascal non esiste solo il tipo Boolean ma anche altri come `Boolean16`, `Boolean32`, `Boolean64`, `ByteBool`, `WordBool`, `LongBool`. Questi ultimi tre sono stati introdotti per compatibilità con il linguaggio C e per facilitare eventuali conversioni di programmi da un ambiente di programmazione ad un altro.
Una menzione a parte meritano i cosiddetti operatori booleani, e cioè metodi per confrontare combinazioni di possibili situazioni. Questi operatori sono:

- `not`
- `and`
- `or`
- `xor`

Vediamo come si comportano. `not` è un operatore unario: si applica cioè ad un solo valore e lo inverte.

- `not` TRUE → FALSE
- `not` FALSE → TRUE

`And` invece ha il compito di controllare che si verifichi una condizione *e* l'altra: se se ne verifica una sola allora la condizione non è soddisfatta.

- TRUE `and` TRUE → TRUE
- TRUE `and` FALSE → FALSE
- FALSE `and` TRUE → FALSE
- FALSE `and` FALSE → FALSE

Con il comando `or` controlliamo che almeno una condizione sia vera per poter procedere; questa condizione viene comunemente detta "O inclusivo".

- TRUE `or` TRUE → TRUE
- TRUE `or` FALSE → TRUE
- FALSE `or` TRUE → TRUE
- FALSE `or` FALSE → FALSE

L'ultimo caso che valutiamo è il comando `xor`, altrimenti detto "O esclusivo".
Possiamo rozzamente tradurre la condizione in questa maniera: O si verifica una condizione OPPURE se ne verifica un'altra ma non possono verificarsi tutte e due nel medesimo momento[11].

- TRUE `xor` TRUE → FALSE
- TRUE `xor` FALSE → TRUE
- FALSE `xor` TRUE → TRUE
- FALSE `xor` FALSE → FALSE

Se tutto questo sembra arabo non ti preoccupare: è normale.
All'inizio ci si trova sempre un po' spaesati con la gestione di queste situazioni e condizioni ma col tempo le cose diventeranno più facili da gestire e da comprendere.
Bisogna considerare che non abbiamo ancora introdotto dei concetti fondamentali di programmazione, che aiuteranno non poco in seguito a comprendere meglio queste dinamiche.

[11] Per i latinisti: "tertium non datur!"

3.3.2 Variabili di tipo carattere

La seconda famiglia, quella di tipo carattere è anch'essa molto semplice da comprendere: lavora su singoli caratteri oppure su stringhe di essi.

Cos'è una stringa? Presto detto: una concatenazione, una sequenza di caratteri. La URL di un sito Internet, le migliaia di parole che appaiono sui vostri monitor quotidianamente, i messaggi che vi scambiate con WhatsApp: tutte stringhe, che dobbiamo imparare a maneggiare.

Questa famiglia di tipi di variabili è così composta[12]:

- `AnsiChar` (o `Char`)
- `WideChar` e `WideString`
- `ShortString`
- `String` ed `AnsiString`
- `PChar`

Ogni tipologia di stringa o di carattere ha il suo perché: andiamo a scoprirlo insieme.

Gli `AnsiChar` sono i caratteri tipografici "standard" statunitensi, definiti dallo standard ASCII del 1969 da parte dell'American National Standards Institute. ASCII è l'acronimo di *American Standard Code for Information Interchange*, un codice standard che assegna valori numerici a lettere, numeri, segni di punteggiatura e alcuni caratteri di controllo, consentendo ai computer di rappresentare e scambiare informazioni testuali. In pratica, ogni carattere viene tradotto in un numero specifico, permettendo ai dispositivi di comunicare tra loro. Di seguito la tabella originale redatta in quell'anno:

[12] Il seguente capitolo è profondamente legato all'ambiente di sviluppo Lazarus, oggetto di questo testo. Nell'IDE Delphi di Embarcadero le cose sono un po' diverse, anche se resta pressoché inalterata la logica di base.

$b_7b_6b_5$ →					000	001	010	011	100	101	110	111
b_4	b_3	b_2	b_1	Row ↓ / Column →	0	1	2	3	4	5	6	7
0	0	0	0	0	NUL	DLE	SP	0	@	P	`	p
0	0	0	1	1	SOH	DC1	!	1	A	Q	a	q
0	0	1	0	2	STX	DC2	"	2	B	R	b	r
0	0	1	1	3	ETX	DC3	#	3	C	S	c	s
0	1	0	0	4	EOT	DC4	$	4	D	T	d	t
0	1	0	1	5	ENQ	NAK	%	5	E	U	e	u
0	1	1	0	6	ACK	SYN	&	6	F	V	f	v
0	1	1	1	7	BEL	ETB	'	7	G	W	g	w
1	0	0	0	8	BS	CAN	(	8	H	X	h	x
1	0	0	1	9	HT	EM	)	9	I	Y	i	y
1	0	1	0	10	LF	SUB	*	:	J	Z	j	z
1	0	1	1	11	VT	ESC	+	;	K	[	k	{
1	1	0	0	12	FF	FS	,	<	L	\	l	|
1	1	0	1	13	CR	GS	—	=	M	]	m	}
1	1	1	0	14	SO	RS	.	>	N	^	n	~
1	1	1	1	15	SI	US	/	?	O	_	o	DEL

Come si può capire, lo standard ASCII, oltre ad un gran numero di caratteri non stampabili e di controllo (ad es. EOT sta per "end of transmission"), prevedeva ben pochi glifi comprensibili all'uomo: una manciata di lettere maiuscole ed altrettante di minuscole che, fondamentalmente, rappresentano i caratteri utilizzati nella lingua inglese; essa è infatti un idioma che non prevede alcun tipo di glifi accentati, come le francesi *ê* ed *ë* ad esempio.

I caratteri in totale sono 128, ragion per cui la tabella può essere racchiusa all'interno dei valori permessi da un singolo byte. Possiamo trasformare agevolmente un carattere nel suo omologo numerico.

```
program trasformaCaratteri;

{$mode objfpc}

var
  c: AnsiChar;
  b: Byte;

begin
  c := 'S';
  b := 72;
  WriteLn('Il carattere S in ASCII corrisponde a ',byte(c));
  WriteLn('Il valore 72 in ASCII corrisponde a ',char(b)
```

```
    ↪ );
end.
```

Come output questo programma fornirà questa risposta:

```
Il carattere S in ASCII corrisponde a 83
Il valore 72 in ASCII corrisponde a H
```

Vi ricordate quando vi accennavo al fatto che per un computer anche una lettera è un numero? Beh, qui ne avete l'ennesima riprova.

In Object Pascal è possibile usare sia `Char` che `AnsiChar` in maniera del tutto analoga: entrambi i tipi di dato, infatti, utilizzano 1 byte di memoria. Possiamo controllare questo fatto tramite un semplicissimo listato che fa uso dell'istruzione `sizeof`: questo è un comando *fondamentale* per capire quanta memoria "costa" ciascuna delle variabili che utilizzeremo nel corso della nostra vita da programmatori.

```
program CharEdAnsiChar;

{$mode objfpc}

begin
  WriteLn('Grandezza di un Char: ',sizeof(Char),' byte')
    ↪ ;
  WriteLn('Grandezza di un AnsiChar: ',sizeof(AnsiChar),
    ↪ ' byte');
end.
```

Il risultato:

Console

```
Grandezza di un Char: 1 byte
Grandezza di un AnsiChar: 1 byte
```

Il comando `Char` viene più spesso utilizzato per ragioni di compatibilità tra diversi linguaggi di programmazione, come il C o il C++.

Con l'aumentare della diffusione dei personal computer in tutto il mondo ci si rese conto che mancavano un sacco di glifi e caratteri tipici delle varie lingue: pensate solo all'uso delle lettere accentate in italiano o in francese.

Dapprima si provò ad allargare i set di caratteri utilizzando i valori numerici non

ancora utilizzati, cioè dal valore 128 in poi. Questo diede origine a differenti set linguistici, noti col nome di ISO/IEC 8859 "trattino qualcosa".
Proviamo a spiegarci meglio: lo standard 8859-1 aggiunge caratteri per le lingue europee occidentali (italiano, francese, spagnolo) mentre lo standard 8859-2 aggiunge i glifi per le lingue di tipo slavo. Se volevamo scrivere in thailandese dovevamo usare la codifica 8859-11, in cirillico la 8859-5. Se prendiamo per esempio il carattere numero 169, numero superiore ai 128 caratteri dell'originale codifica ASCII, ecco cosa produrrà nei differenti set linguistici:

8859-1 (Europa Occ.)	8859-2 (Europa Or.)	8859-11 (Thailandia)	8859-5 (Cirillico)
©	Š	ฉ	Љ

Vediamo se riusciamo a verificare questa cosa con un piccolo esempio: il seguente programma prende proprio il carattere 169 e ce lo trasforma in un glifo visibile.

```
program IEC_Standards;

{$mode objfpc}

var
  b: Byte;

begin
  b := 169;
  WriteLn('Il valore 169 in ASCII corrisponde a ',char(b
    ↪ ));
end.
```

Come potete notare è davvero semplicissimo ma se provate ad eseguirlo nel terminale è facile che otteniate un risultato del genere:

Console

Il valore 169 in ASCII corrisponde a �

Perché? Semplice, perché il vostro terminale Linux è impostato su di un set di caratteri diverso. Si può impostare la console affinché usi una codifica specifica, ad esempio IEC-8859-5 che corrisponde al cirillico.
Su Linux Mint è sufficiente impostare un nuovo set di caratteri nell'applicazione "Terminale"[13]. Scegliendo il set cirillico il risultato sarà questo:

[13] Per poterlo fare bisogna andare, all'interno del Terminale, dentro ai menu **Modifica** → **Preferenze** → **Profilo** → **Compatibilità** → **Codifica**

Il valore 169 in ASCII corrisponde a Љ

Nel caso invece scegliate il set IEC-8859-2, relativo all'Europa orientale, si avrà una differente risposta da parte della console:

Console

Il valore 169 in ASCII corrisponde a Š

Siete abbastanza confusi? Perfetto, siete persone normali.
Cercando di riassumere, nell'era degli standards "IEC-8859-qualcosa" si potevano leggere tutti i testi del mondo, a patto che si conoscesse la codifica con la quale erano stati redatti. Una bella scocciatura.
Con l'aumentare della memoria a disposizione nei computer, ci si rese presto conto che si poteva evitare questa tremenda confusione nata, lo ricordiamo, per stare all'interno del range di un singolo byte per carattere. Si procedette alla stesura di nuovi standard, ancora oggi adottati, denominati UTF-8 ed UTF-16. Come è possibile intuire, il secondo utilizza 16 bit di dati per ogni singolo carattere: ciò dà vita a 65535 combinazioni possibili di glifi.[14] Il tipo `WideChar` utilizza proprio la codifica UTF-16 e la sua grandezza è, ovviamente, 2 byte. `WideString` è una concatenazione di `WideChar`.
Sebbene possa sembrare "passato di moda", l'utilizzo dei *codepage* "IEC-8859-qualcosa" è ancora in voga, sopratutto nella famiglia delle nostre stringhe. Lo vedremo con maggiore chiarezza nel prospetto alla fine di questa sottosezione.

Passiamo ora all' istruzione `ShortString`: si tratta di una stringa di caratteri *non* UTF-16 (più economica in termini di consumo di RAM) e a lunghezza massima di 255 caratteri.
Per inizializzare una stringa di questo genere si possono usare queste due modalità:

```
var
  stringa_1: ShortString;
  stringa_2: String[10]
```

Che cosa cambia? Che nel primo caso la stringa può assumere una grandezza massima di 255 caratteri mentre nel secondo la lunghezza della stringa può essere di 10 caratteri, come da limitazioni che abbiamo imposto noi racchiudendo il valore massimo consentito tra parentesi quadre.

[14] In verità il sistema è più complesso di così ma la spiegazione di questo standard esula dalle finalità di questo manuale.

Se facciamo un piccolo esempio utilizzando l'operatore `sizeof` di cui abbiamo fatto la conoscenza prima...

```
program stringa;

{$mode objfpc}{H+}

var
  stringa_1: ShortString;
  stringa_2: String[10];

begin
  stringa_1 := 'Ciao';
  WriteLn('La stringa_1 consuma ', sizeof(stringa_1),'
     bytes');
  WriteLn('La stringa_2 consuma ', sizeof(stringa_2),'
     bytes');
end.
```

...la console ci restituirà questo risultato:

Console

```
La stringa_1 consuma 256 bytes
La stringa_2 consuma 11 bytes
```

Visto l'output generato, credo sia necessario spiegare un paio di cosette.
La prima cosa strana è il fatto che, avendo dato alla `stringa_1` il valore di "Ciao", ci saremmo aspettati un consumo di 4 bytes. Invece non è così, la stringa ne consuma ben 256: come mai? Per due motivi: il primo è che non abbiamo corredato la stringa di un valore massimo di caratteri possibili, compreso tra parentesi quadre. Ne consegue che il compilatore ha allocato la massima estensione disponibile per quel tipo di dato, cioè 255 caratteri.
Ok, comprensibile ma il byte in più da dove salta fuori?
È stato posizionato all'inizio della stringa stessa, in modalità trasparente al programmatore: quel byte contiene il numero di caratteri di cui è formata la stringa di cui egli stesso fa parte. Quindi 1 byte di grandezza della stringa + 255 byte di contenuto massimo = 256 bytes.
Un ragionamento analogo si applica alla `stringa_2` solo che qui siamo stati chiari nel chiedere una precisa quantità di caratteri disponibili. La variabile consuma 11 bytes per l'analogo motivo di prima: 1 byte di grandezza + 10 byte di contenuto allocato = 11 bytes

Perché questa strana limitazione? Perché dovremmo costringerci nell'avere

un numero massimo di caratteri per stringa? Non è sempre preferibile avere la massima libertà possibile?
In verità no e per una serie di validi motivi:

- *Efficienza di memoria.* Le stringhe limitate possono essere più efficienti in termini di utilizzo della memoria rispetto alle stringhe dinamiche. Quando si conosce in anticipo la lunghezza massima della stringa, è possibile allocare una quantità di memoria fissa per essa, evitando sprechi di memoria.

- *Requisiti di storage predefiniti.* Il punto di cui sopra comporta inevitabilmente una maggiore consapevolezza anche dello spazio fisico che andremo ad occupare nelle nostre memorie di massa. Ad esempio, in un formato di file strutturato, potrebbe essere definito che un determinato campo debba essere di lunghezza fissa per garantire l'interoperabilità tra diverse applicazioni.

- *Prestazioni.* Le operazioni su stringhe di lunghezza fissa possono essere più veloci rispetto alle operazioni su stringhe dinamiche. Poiché la dimensione della stringa è nota in anticipo, le operazioni come l'accesso ai caratteri o il confronto dei valori possono essere eseguite in modo più efficiente senza dover verificare dinamicamente la dimensione della stringa.

- *Validazione dei dati.* L'uso di stringhe di lunghezza fissa può semplificare la validazione dei dati in input. Poiché la lunghezza della stringa è nota in anticipo, è possibile verificare facilmente se la stringa inserita soddisfa i requisiti di lunghezza desiderati.

Se alla riga 7 del listato di cui sopra avessimo scritto. . .

```
7   stringa_2: String;
```

il compilatore avrebbe restituito uno strano risultato:

Console

```
La stringa_2 consuma 8 bytes
```

Perché 8 bytes? Perché si tratta di un puntatore, tipo che vedremo nella prossima sottosezione.

`PChar` è l'ultimo della nostra lista: si tratta di un puntatore ad un array di caratteri terminato dal carattere #0. Lo so, non c'avete capito nulla ma dopo il paragrafo sui puntatori e sugli array diventerà comprensibile: vi invito a ritornare su questa pagina quando avrete finito il capitolo.

In conclusione, l'uso di stringhe limitate o dinamiche dipende dalle esigenze specifiche dell'applicazione, dai requisiti del sistema e dalle considerazioni di prestazioni e utilizzo della memoria. Vediamo una bella tabella di tutti i tipi di stringa in Object Pascal all'interno dell'ambiente Lazarus.

Tipo	Memoria	UTF-16	note d'uso
`Char`	1 byte	No	Alias di AnsiChar
`AnsiChar`	1 byte	No	Compatibiltà
`AnsiString`	1 byte	No	Tipo string di default
`WideChar`	2 byte	Sì	Carattere Unicode a 16 bit
`PChar`	1 byte	No	Puntatore C-style ad Char
`PWideChar`	2 byte	Sì	Puntatore a WideChar
`WideString`	2 byte	Sì	Stringa Unicode a 16 bit
`String`	1 byte	No	Alias di AnsiString di default
`ShortString`	1 byte	No	Primo byte = lunghezza

Per poter lavorare con le stringhe esistono diversi comandi in Object Pascal. Il comando `Length` ad esempio restituisce la lunghezza di una stringa:

```
program Lunghezza;

{$mode objfpc}

var
  myString: string;
  len: Integer;

begin
  myString := 'Hello, World!';
  len := Length(myString);
  WriteLn(len);
end.
```

Le stringhe possono essere facilmente concatenate col comando + ad esempio.

```
program Concatena;

{$mode objfpc}

var
  str1, str2, resultStr: string;
```

```

begin
  str1 := 'Hello, ';
  str2 := 'World!';
  resultStr := str1 + str2;
  WriteLn(resultStr);
end.
```

Vediamo insieme qualche altro comando, molti dei quali sono inseriti all'interno della unit `SysUtils`, da chiamare all'inizio del nostro codice sorgente.

Funzione	**Risultato**
`UpperCase(s)`	Trasforma tutti i caratteri della stringa in maiuscoli.
`LowerCase(s)`	Trasforma tutti i caratteri della stringa in minuscoli.
`Pos(substr,s)`	Restituisce l'indice della prima occorrenza di una sottostringa all'interno di una stringa data.
`Copy(s,index,count)`	Copia i caratteri di una stringa a partire da un indice e per una data lunghezza su di un'altra stringa.
`SameText(s1,s2)`	Confronta semplicemente due stringhe, valutando se sono uguali o meno
`Length(s)`	Restituisce la lunghezza della stringa
`Delete(s,index,count)`	Elimina un certo numeri di caratteri a partire da una data posizione
`Insert(s,s,index)`	Inserisce una stringa in un'altra a partire da una data posizione
`CompareStr(s1,s2)`	Confronto *case-sensitive* su due stringhe
`CompareText(s1,s2)`	Confronto *case-insensitive* su due stringhe
`Trim(s)`	Rimuove spazi iniziali e finali
`TrimLeft(s)`	Rimuove spazi a sinistra
`TrimRight(s)`	Rimuove spazi a destra
`IntToStr(i)`	Trasforma un intero in una stringa
`StrToInt(s)`	Trasforma una stringa in un intero

Funzione	Risultato
`Concat(s1,s2)`	Concatena due stringhe (stessa cosa dell'operatore +)

Uno dei comandi più comodi per lavorare con le stringhe è `Format`, che utilizzaremo in maniera molto più concreta successivamente.
Esso consiste in una funzione di formattazione delle stringhe che consente di creare stringhe composte combinando valori e testo in modo flessibile. La sintassi generale del comando `Format` è la seguente...

```
formattedString := Format(formatString, [arg1, arg2,
  ↪ ...])
```

dove

- `formatString` è una stringa che definisce il formato desiderato della stringa di output. Può contenere testo fisso e marcatori di posizione che indicano dove inserire i valori.
- `[arg1, arg2, ...]` sono gli argomenti da inserire nella stringa di output. Possono essere espressioni o variabili che forniscono i valori da sostituire nei marcatori di posizione.

Ecco alcuni esempi in cui esso viene usato; da notare l'inserimento dell'unità `SysUtils` che definisce il comando stesso.

```
program HelloPersonalizzato;

{$mode objfpc}

uses
  SysUtils;
var
  name: string;
  formattedString: string;

begin
  name := 'lettore';
  formattedString := Format('Ciao, %s!', [name]);
  WriteLn(formattedString);
end.
```

`Format` può essere utilizzato per mescolare valori e stringhe, ricordando che Object Pascal è un linguaggio fortemente tipizzato:

```
program HelloPersonalizzato;

{$mode objfpc}

uses
  SysUtils;
var
  name: string;
  age: Integer;
  forString: string;
begin
  name:='lettore';
  age:=30;
  forString:= Format('Ciao, %s!',[name]);
  WriteLn(forString);
  forString:=Format('Hai %d anni?', [age]);
  WriteLn(forString);
end.
```

In questo esempio, la stringa `Ciao, %s!` e `Hai %d anni?` contengono un segnaposto ciascuno: `%s` (valore stringa) per il nome e `%d` (valore intero) per l'età. Gli argomenti `[name]` ed `[age]` forniscono i valori da inserire al posto dei rispettivi segnaposti.
Qui sotto un paio di tabelle: i segnaposto utilizzabili e quelli aggiuntivi.

Segnap.	Dato atteso	Descrizione
`%d`	Integer	Numero intero decimale con segno.
`%u`	Cardinal/Word	Numero intero senza segno (unsigned)
`%x`	Integer	Numero intero esadecimale minuscolo (es. ff)
`%X`	Integer	Numero intero esadecimale maiuscolo (es. FF)
`%f`	Real	Numero a virgola mobile con notazione fissa (default: 2 decimali)
`%e`	Real	Notazione scientifica minuscola (es. 1.23e+02)
`%E`	Real	Notazione scientifica maiuscola (es. 1.23E+02)
`%g`	Real	Notazione più compatta tra %f e %e
`%G`	Real	Come %g ma con la E maiuscola

Segnap.	Dato atteso	Descrizione
%n	Real	Numero formattato secondo le impostazioni locali
%m	Currency	Valuta (equivalente a %n con valuta locale)
%s	String	Stringa di caratteri
%p	Pointer	Puntatore (stampa come esadecimale, es. $004FFAE4)
%%	Nessuno	Stampa un singolo carattere %

Segnap.	Significato	Esempio
%-10s	Allineamento a sinistra	'Mario '
%10s	Allineamento a destra (default)	' Mario'
%.2f	Precisione (decimali per float)	3.1415 → 3.14
%10.2f	Larghezza totale + precisione	' 3.14'
%0*d	Larghezza specificata da un parametro	Format('%0*d', [5, 42]) → '00042'
%.*f	Precisione specificata da parametro	Format('%.*f', [3, pi]) → '3.142'

Credo che le ultime due righe meritino qualche parolina in più.
Con la riga...

```
Format('%0*d', [5, 42])
```

indico che voglio riempire con cinque zeri (%0) il numero 42 e mostrarlo.
Se prendo invece il comando...

```
Format('%.*f', [3, pi])
```

ecco cosa succede: sto indicando al compilatore che stamperò un float con una precisione specificata al momento in cui '3' è la precisione da utilizzare mentre 'pi' il numero da formattare ($\approx$ 3.1415926535...)

3.3.3 Puntatori

Il terzo gruppo di variabili sono i puntatori.
A differenza di quanto succede in C o in C++ dove essi sono praticamente il pane quotidiano di ogni programmatore, in Object Pascal essi sono trattati in maniera decisamente più opaca: la prima conseguenza importante di tale scelta è che la loro complessità viene fortemente ridimensionata. È tuttavia utile conoscere come si comportano, anche perché in informatica si è soliti affermare che "tutto sia un puntatore".
Ma allora cos'è un puntatore? Detto in soldoni, da "uomo della strada", si può dire che un puntatore sia una variabile che tiene traccia dell'indirizzo di memoria di un'altra variabile (o struttura).
Anche i puntatori vanno dichiarati preferibilmente all'inizio del nostro codice sorgente in questa maniera:

```
program myPointer;

{$mode objfpc}

var
  numero, altroNumero:integer;
  puntatore:^integer;

begin
  numero:=1000;
  puntatore:=@numero;
  altroNumero:=puntatore^;
end.
```

Se si compila questo programma non succede nulla ma in realtà abbiamo effettuato un'operazione di copia pressoché immediata. Oltre a `numero` e `altroNumero`, indicati come valori interi, abbiamo creato un puntatore (appunto la variabile puntatore) ad un numero di tipo intero: per crearla abbiamo apposto di fronte al tipo di variabile, in sede di dichiarazione, il simbolo ^.
Da notare tuttavia come al momento la variabile puntatore non contenga nessun dato: non abbiamo ancora detto, infatti, che cosa dovrà puntare. Questa mancanza viene colmata dopo il `begin`, con il comando `@`:

```
puntatore:=@numero;
```

Da quel momento la variabile `puntatore` conterrà al suo interno l'indirizzzo di memoria dove si trova `numero` Questa procedura poteva essere portata a termine anche utilizzando il comendo `Addr` in questa maniera...

```
puntatore:=Addr(numero);
```

Se vogliamo copiare il valore puntato da puntatore in un'altra variabile (o anche in più variabili se vogliamo) bisognerà "deriferire" il puntatore, spostando il segno (^) dietro al puntatore, come accade nella riga 12

```
12 altroNumero:=puntatore^
```

Possiamo vedere con un codice sorgente questi comportamenti? Certamente, ecco un esempio:

```
program myPointer;

{$mode objfpc}

uses
  SysUtils; // Serve per il comando ‘“’Format più sotto.
var
  numero, altroNumero:integer;
  puntatore:^integer=NIL;

begin
  numero:=1000;
  altroNumero:=3000;
  WriteLn('Fase 1: inizializzazioni...');
  WriteLn(Format('L''ind.di memoria è %p',[puntatore]));
  WriteLn('Il valore di "numero" è: ', numero);
  WriteLn('Il valore di "altroNumero" è: ',altroNumero);
  WriteLn('---------------------------');
  WriteLn('Fase 2: operazioni...');
  // Ora vado a dire al puntatore quale sia la
  // variabile da puntare.
  puntatore:=@numero;

  // Lo scrivo nel terminale.
  WriteLn(Format('L''ind.di memoria è %p',[puntatore]));

  // Ora voglio che altroNumero abbia il valore
  // puntato dal puntatore
  altroNumero:=puntatore^;
  WriteLn('Il valore di "numero" è: ', numero);
  WriteLn('Il valore di "altroNumero" è: ',altroNumero);
end.
```

Come si può vedere abbiamo copiato il valore da una parte all'altra: se da un lato questa può sembrare un'operazione semplice, la cosa si rivela importantissima ed estremamente pratica quando si tratta di dati strutturati per cui la copia può essere estremamente dispendiosa in termini di memoria. Sebbene viviamo nell'epoca dei tebibyte e dei gibibyte[15], è sempre importante ragionare in economia di mezzi. Ecco cosa appare nel mio terminale una volta lanciato il programma:

Console

```
Fase 1: inizializzazioni...
L'ind.di memoria è 0000000000000000
Il valore di "numero" è: 1000
Il valore di "altroNumero" è: 3000
________________
Fase 2: operazioni...
L'ind.di memoria è 00000000004808B0
Il valore di "numero" è: 1000
Il valore di "altroNumero" è: 1000
```

Chiaramente, per ogni singolo computer, l'indirizzo di memoria sarà diverso da quello mostrato sopra ma ci tenevo ad un piccolo particolare: nella "fase 1" l'indirizzo di memoria puntato è chiaramente zero. Perché?
Perché l'ho definito esplicitamente come `nil`: in altri termini mi sto semplicemente assicurando che il puntatore, qualora lasciato solo a sé stesso e al compilatore, non punti a zone di memoria protette del sistema operativo, causando eventuali blocchi improvvisi del nostro applicativo. Questa forma di azzeramento del puntatore è una delle migliori pratiche da adottare per la programmazione.
Poco sopra affermavo che in realtà i puntatori in Object Pascal sono presenti ma un po' sotto traccia, non proprio alla luce del sole.
Per dimostrarlo faccio un esempio con delle stringhe: se la stringa non è definita in maniera esatta (cioè non si sa precisamente da quanti caratteri sia composta) il compilatore non ha una minima idea di quanta memoria allocare. Ecco dunque che il puntatore viene comodo: in caso di stringa "generica" esso punterà alla prima zona di memoria libera e provvederà ad occuparla via via che manipoliamo la stringa.
Vediamo il tutto con un esempio:

```
program myPointer;

{$mode objfpc}

```

[15] Mi raccomando, non usate mai questi termini: vi prenderanno per matti!

```
uses
  SysUtils;
var
  str_definita: string[25];
  str_generica: string;

begin
  str_definita := 'Questa è la mia stringa';
  str_generica := '...ma anche questa è una stringa';

  WriteLn(Format('Ind. stringa_definita: %p',[@str_definita]));
  WriteLn(Format('Ind. stringa_generica: %p',[@str_generica]));
  WriteLn('Bytes stringa_definita: ',sizeof(str_definita));
  WriteLn('Bytes stringa_generica: ',sizeof(str_generica));
end.
```

Ecco l'output generato dal mio computer su di un sistema a 64 bit[16]:

```
Ind. stringa_definita: 00000000004194E0
Ind. stringa_generica: 0000000000419500
Bytes stringa_definita: 26
Bytes stringa_generica: 8
```

Ed ora lo stesso output ma su di un sistema a 32 bit:

Console

```
Ind. stringa_definita: 080BC730
Ind. stringa_generica: 080BC740
Bytes stringa_definita: 26
Bytes stringa_generica: 4
```

Come sempre non ha importanza l'indirizzo di memoria ottenuto: ciascun computer deciderà in base alle sue necessità.
Tuttavia mi premeva far notare due cose. In primo luogo la differenza di possibili

[16] Ricordatevi, per `stringa_definita`, il discorso relativo alle `ShortString`: 1 byte di grandezza + 25 byte (in questo caso) di caratteri = 26 bytes.

allocazioni di memoria, come testimoniato dal grande numero di zeri nella versione a 64 bit. La seconda cosa è la dimensione in bytes della `stringa_generica`: nel primo caso 8, nel secondo 4. La cosa si spiega facilmente, dal momento che in entrambi i casi `stringa_generica` ha come dimensione la grandezza del puntatore stesso, poiché non ha limiti preimpostati come accade invece per `stringa_definita`.
In altre parole, la mole di quella stringa dipenderà unicamente dalla memoria disponibile sulla macchina e quale sistema migliore utilizzare se non un puntatore? Nel caso di un sistema a 32 bit il puntatore sarà grande al massimo 4 bytes (che equivalgono a 32 bit, ricordate?), in uno a 64 bit ben 8 byte.

Abbiamo detto che un puntatore è una variabile che che contiene l'indirizzo di un'altra variabile.
Per esempio:

```
var
  p: ^Integer; // p è un puntatore ad un intero
```

Un puntatore a puntatore è una variabile che contiene l'indirizzo di un altro puntatore.
In pratica:

- Una variabile contiene un valore.
- Un puntatore contiene l'indirizzo della variabile.
- Un puntatore a puntatore contiene l'indirizzo del puntatore.

I puntatori a puntatori servono in casi avanzati, come:

- Passare un puntatore per riferimento (es. funzione che deve modificare un puntatore passato).
- Gestire array dinamici di puntatori.
- Strutture complesse, come liste collegate (linked list), alberi, ecc.

Supponiamo di voler modificare un puntatore dentro una procedura. Per farlo, dobbiamo passare un puntatore a quel puntatore.

```
program PuntatoreDoppio;

{$mode objfpc}

type
  PInt = ^Integer;
  PPInt = ^PInt; // Puntatore a puntatore a intero
```

```
8
9  procedure AllocaMemoria(p: PPInt);
10 begin
11   New(p^); // p^ è di tipo PInt, cioè il punt. da modificare
12   p^^ := 42; // p^^ è il valore intero vero e proprio
13 end;
14
15 var
16   MioPuntatore: PInt;
17
18 begin
19   AllocaMemoria(@MioPuntatore); // Passiamo l'indirizzo del puntatore
20   WriteLn('Valore puntato: ', MioPuntatore^);
21   Dispose(MioPuntatore); // Libera la memoria
22 end.
```

Allla console ritroveremo questo messaggio:

Console

```
Valore puntato: 42
```

Avendo definito solo dei puntatori alle righe 4 e 5, per allocare *fisicamente* della memoria abbiamo bisogno del comando `New`. Difatti, anche se sappiamo che `PInt` è un puntatore ad una variabile di tipo intero, la memoria per tale dato non è stata allocata, contrariamente a quello che sarebbe successo se avessimo scritto

```
var
  x:integer;
```

Qualsiasi tipo di dato (record, array, etc...) allocato con `New` deve essere liberato con il comando `Dispose`.
Un ultima cosa: se volete utilizzare i puntatori ricordatevi sempre, inizialmente, di farli puntare a `nil`: vedrete che un giorno mi ringrazierete.

3.3.4 Variabili strutturate

Le variabili strutturate (o `record`) possiamo immaginarle come "collezioni di variabili" a cui diamo un nome proprio.
Pensiamo un po' alla nostra carta d'identità: al suo interno troviamo una serie di informazioni tutte raccolte in un unico oggetto. Se dovessimo tradurre "digital-

mente" in Object Pascal la nostra carta d'identità, essa risulterebbe più o meno una cosa del genere:

```
program IDCard;

{$mode objfpc}

uses
  SysUtils;

type
  TCartaIdentita = record
    nome: string;
    cognome: string;
    sesso: string;
    staturaInCm: byte;
    cittadinanza: string;
    dataEmissione: TDateTime;
    dataScadenza: TDateTime;
    numero: integer;
  end;

var
  laMiaCarta: TCartaIdentita;

begin
  laMiaCarta.dataEmissione := Now();
  laMiaCarta.staturaInCm := 180;
  laMiaCarta.dataScadenza := Now()+730;
  laMiaCarta.nome := 'Riccardo';
  laMiaCarta.cognome :=' Santato';
  WriteLn('Io sono ', laMiaCarta.nome,' ', laMiaCarta.cognome);
  WriteLn('Sono alto ',laMiaCarta.staturaInCm,' cm');
  WriteLn('Emessa il ', DateToStr(laMiaCarta.dataEmissione));
  WriteLn('Scade il ', DateToStr(laMiaCarta.dataScadenza));
end.
```

Il risultato di questo facile programma è questo:

Console

```
Io sono Riccardo Santato
Sono alto 180 cm
Emessa il 13-7-23
Scade il 12-7-25
```

Nell'esempio sopra prima ho costruito il tipo `TCartaIdentita` e poi l'ho allocato con la variabile `laMiaCarta`. È tuttavia possibile evitare questo doppio passo ed andare ad instanziare immediatamente il record come se fosse una normalissima variabile in questa maniera:

```
var
  cartaIdentita: record
    nome: string;
    cognome: string;
    ...
  end;
```

Sebbene si possa fare io non la trovo una buona pratica di programmazione: il `record` rappresenta in buona sostanza una forma di astrazione e procedere creando prima il tipo di dato e poi il dato stesso aiuta a separare un piano dall'altro.
Generalmente, nei codici sorgenti in Object Pascal il record passa attraverso uno stadio di `type`.
Moltissimi dati che noi utilizziamo in Object Pascal sono record e tipi di dati, ed è per questo che all'inizio di molti di essi compare la lettera "T" maiuscola, come nel caso di `TDateTime`. Giusto per essere fedeli ad un principio di ordine e pulizia nella programmazione ho voluto chiamare il mio tipo `TCartaIdentita`[17] Per cambiare il valore ad una determinata caratteristica del nostro record dobbiamo usare il punto o, per dirla in maniera più cool, la *dot-notation*, come abbiamo visto ad esempio nella riga

```
25 laMiaCarta.staturaInCm:=180;
```

In verità esiste un comando molto più comodo in Object Pascal, che ci permette di manipolare questi dati con maggiore efficienza: si tratta di `with...do` che vedremo successivamente.
I record, per quanto possano sembrare fissi ed immutabili, posseggono anche un certo grado di libertà: possono avere, al loro interno, delle parti variabili in base

[17] Per i precisini ci tengo a ricordare che ho evitato di usare la lettera "a" accentata perché i linguaggi di programmazione mal tollerano i caratteri di questo tipo. Provate a cambiarla nel listato di cui sopra e ve ne accorgerete.

al contesto. Le grandezze di tali variabili tuttavia devono essere chiaramente esplicitate.
Vediamo un esempio:

```
program variantPart;

{$mode objfpc}

uses
  SysUtils;

type
  TPersona = record
    nome: string;
    cognome: string;
    dataDiNascita: TDateTime;
    case vivente: Boolean of
      True: (residenza:string[20]);
      False: (dataDecesso:TDateTime);
  end;

var
  imperatore: TPersona;

begin
  imperatore.nome := 'Napoleone';
  imperatore.cognome := 'Bonaparte';
  imperatore.vivente := False;
  imperatore.dataDecesso := EncodeDate(1821,5,5);
  WriteLn(imperatore.nome,' ', imperatore.cognome);
end.
```

In questo caso la definizione del tipo `TPersona` contiene al proprio interno una condizione, creata dal comando `Case...of` che vedremo in seguito. Se la variabile vivente di tipo booleano (cioè semplicemente vera o falsa) è vera allora si aggiunge al record una descrizione ulteriore.

Il tipo `record`[18] può beneficiare di un particolare operatore definito packed. In Object Pascal, la parola chiave packed viene utilizzata per modificare l'allineamento dei dati in memoria, cioè per ridurre il *padding* che il compilatore potrebbe aggiungere tra i campi di una struttura (record, array o oggetto) per motivi di efficienza. Normalmente, per migliorare la velocità di accesso alla memoria, il compilatore può inserire degli spazi vuoti (*padding*) tra i campi di una struttura, allineandoli su determinati byte (ad esempio a multipli di 2, 4 o 8). Questo rende

[18]Anche il tipo `array`

la struttura più grande ma più efficiente da leggere/scrivere su certe CPU.
Se però si ha l'esigenza di:

- risparmiare memoria (es. su dispositivi embedded)
- scrivere/leggere file binari o stream senza padding
- compatibilità con protocolli o strutture dati esterne (es. dati ricevuti via rete o letti da file)

è possibile usare packed per disabilitare il *padding* e rendere la struttura compatta.
Vediamo un piccolo esempio:

```
type
  TNormalRecord = record
    A: Byte;         // 1 byte
    B: Integer;      // 4 byte
  end;

  TPackedRecord = packed record
    A: Byte;         // 1 byte
    B: Integer;      // 4 byte
  end;
```

Nel caso di di `TNormalRecord` la struttura peserà 8 bytes (1 + 3 byte di padding + 4), nel secondo (`TPackedRecord`) i 5 byte che ci si sarebbe aspettati.
Quando utilizzare packed? Sopratutto nei formati di file binari con formati precisi (li vedremo in seguito) e nelle strutture con molti record magari piccoli dove anche lo spazio conta. Tuttavia essi possono garantire prestazioni leggermente inferiori, soprattutto su architetture che penalizzano l'accesso a dati non allineati.

3.3.5 Variabili di tipo Variant

Se avete avuto la pazienza serafica di stare ad ascoltare tutti i miei sproloqui finora, vi sarete certo accorti che in più di un'occasione ho elogiato questo linguaggio di programmazione per la sua rigorosità e precisione formale. D'altra parte la forte tipizzazione di Object Pascal ne fa uno strumento ottimo per imparare l'arte del *coding*: non si deve confondere una stringa con un numero decimale, anche se in realtà per un elaboratore tutto è un numero.
Adesso tutte queste belle parole ed intenzioni vengono spazzate via dall'avvento dei `Variant`.
I `Variant` sono variabili assolutamente non tipizzate, un po' come accade in JavaScript: possono essere un numero intero, decimale o una stringa. Questo tipo di variabili viene spesso utilizzato quando non si sa che tipologia di valore la variabile stessa potrà assumere: ne consegue che il compilatore sarà molto

indulgente e non potrà essere sicuro che il programma vada in crash prima di averlo eseguito.
Insomma, per un momento proverete la gioia di avere un linguaggio non tipizzato sotto le mani!
Vediamo un piccolo esempio:

```
program usoDeiVariant;

{$mode objfpc}

uses
  Variants;

var
  V: Variant;

begin
  V := 10;
  WriteLn('V = ',V,' ed è grande ',sizeof(V),' bytes');
  WriteLn('---');
  V:='una stringa';
  WriteLn('V = ',V,' ed è grande ',sizeof(V),' bytes');
  WriteLn('---');
  V:=3.1415;
  WriteLn('V = ',V,' ed è grande ',sizeof(V),' bytes');
end.
```

Questo è l'output generato:

Console

V = 10 ed è grande 24 bytes

—

V = una stringa ed è grande 24 bytes

—

V = 3.1415 ed è grande 24 bytes

Da questo banale listato, che fa largo uso del comando `sizeof`, si può capire che l'uso di questo tipo di variabile presenta una controparte: costano moltissimo in termini di memoria. Una sola variabile, in questo caso, costa al sistema operativo ben 24 (!) bytes; si tratta quindi di un valore a 192 bit.
Ecco il motivo per cui non usarli è buona cosa; è davvero preferibile adoperarli solo in casi emergenziali. Se i Variant possono essere in più di un'occasione un metodo "furbo" per riuscire a risolvere una situazione spinosa va detto anche che il loro

utilizzo rallenta molto, davvero molto l'esecuzione del programma.
Ecco un piccolo esempio che mette in luce questo aspetto.
L'algoritmo che segue è l'implementazione di uno degli svariati modi per calcolare il Pi greco; fa parte della famiglia di metodi computazionali detta "metodo Monte Carlo" ed è molto semplice da scrivere. Chiaramente non mi interessa in questo momento andare a spiegare né come funziona matematicamente né il significato dei comandi utilizzati, dal momento che il mio scopo è differente: fate un atto di fede.
Prendetevi un minuto per ricopiare questo listato:

```
program Number_Pi_Variant;

{$mode objfpc}

uses
  Sysutils, DateUtils, Variants;

var
  i, k, durata: Integer;
  x, y, p: Single;
  a, b: Variant;
  n:Integer = 100000000; // Numero di iterazioni
  partenza, arrivo: TDateTime;

begin
  WriteLn('Calcolo di Pi con i Single...');
  partenza := Now();
  Randomize(); //Inizializza la generazione di numeri casuali
  k := 0;
  for i := 1 to n do
  begin
    x := Random();
    y := Random();
    if (x*x + y*y)<=1 then k:= k+1;
  end;
  p := 4*k/n;
  arrivo := Now();
  durata := SecondsBetween(arrivo,partenza);
  WriteLn('Valore di Pi = ', p);
  WriteLn('Durata del processo= ',durata,' s.');
  WriteLn('-----------------------');
  WriteLn('Calcolo di Pi con i Variant...');

  // Ora reinizializziamo le variabili
  // e ripartiamo ma con i Variant.
  partenza := Now();
```

```
  k := 0;
  for i := 1 to n do
  begin
    a := Random();
    b := Random();
    if (a*a + b*b)<=1 then k:= k+1;
  end;
  p := 4*k/n;
  arrivo := Now();
  durata := SecondsBetween(arrivo,partenza);
  WriteLn('Valore di Pi = ', p);
  WriteLn('Durata del processo= ',durata,' s.');
end.
```

Nel mio computer antidiluviano questo è il risultato alla console:

Console

Calcolo di Pi con i Single...
Valore di Pi = 3.141546011E+00
Durata del processo= 4 s.

Calcolo di Pi con i Variant...
Valore di Pi = 3.141331673E+00
Durata del processo= 19 s.

Mica male, eh?!?

Il medesimo algoritmo risulta essere *quasi 5 volte* più lento della sua controparte in virgola mobile. La morale è una sola: usare i `Variant` solo in casi molto rari.

3.3.6 Raccolte di variabili

Caratteristica peculiare del linguaggio Pascal fin dai suoi primordi è la capacità di raggruppare, in un certo tipo di dati, una moltitudine specifica di valori.
Vediamo come funziona, ad esempio, una numerazione:

```
program birreria;

{$mode objfpc}

type
  grandezze = (pinta,mezzaPinta,lattina,litro,mezzoLitro
    ↪ ,flute);

```

```
var
  grandezzaBirra: grandezze;

begin
  grandezzaBirra := lattina;
  WriteLn('Hai preso una ',grandezzaBirra);
end.
```

Il risultato a video sarà questo:

```
Hai preso una lattina
```

In questo caso il tipo `grandezze` è stato definito in maniera tale che la variabile `grandezzaBirra` possa assumere solo determinati valori, cioè quelli definiti all'interno delle parentesi tonde: `pinta`, `lattina`, `litro`, etc.
Ma perché parlo di valori? Fondamentalmente, `pinta` e `lattina` sono termini in italiano corrente, mica dati numerici.

In verità non è proprio così, dal momento che tutto, per un computer, è un numero: `pinta`, `lattina` non sono altro che valori possibili in una numerazione (per l'appunto) che parte da 0 in poi.
Nel nostro esempio pinta varrà 0, `mezzaPinta` varrà 1, `lattina 2`, `litro 3` e così via. Possiamo vederlo chiaramente con il comando `Ord`, aggiungendo questa riga prima dell end finale.

```
  WriteLn('Birra = ',Ord(birra));
```

Così facendo vedremo che birra, in realtà, assume un valore ben preciso e cioè:

Console

```
Hai preso una lattina di birra
Birra = 2
```

Le numerazioni divengono molto comode per creare serie di valori congrui per un dato problema. Vediamo un altro esempio semplice:

```
type
  arcobaleno = (rosso,arancione,giallo,verde,indaco,blu,
     ↪ viola);
```

```
var
  colore: arcobaleno = rosso;
```

Se per la variabile colore di tipo arcobaleno avessimo scelto, ad esempio, il colore ocra anziché rosso il compilatore avrebbe restituito un messaggio d'errore perché tale scelta non era contemplata all'interno di quelle possibili. Questo modo di organizzare i dati, se usato con intelligenza, riduce drasticamente le possibilità di errore durante l'esecuzione del programma.
Come nel caso dei record, anche con le enumerazioni è possibile evitare di passare attraverso la definizione di un type e costruire una variabile "numerata" direttamente. L'esempio alcolico precedente diventerebbe così:

```
program birreria;

{$mode objfpc}

var
  birra : (pinta,mezzaPinta,lattina,litro,mezzoLitro,
      ↪ flute);

begin
  birra := lattina;
  WriteLn('Hai preso una ',birra,' di birra');
  WriteLn('Birra = ',Ord(birra));
end.
```

Come per il caso dei record, visto in precedenza, sconsiglio caldamente di procedere in questa maniera. Create prima un tipo di dato e poi allocatelo con una variabile. Una numerazione può non procedere necessariamente da 0 ad un certo valore secondo la scala dei numeri naturali ma può essere costruita anche con valori personali, a certe condizioni:

1. I valori ottenuti devono essere numeri interi
2. I valori non devono essere ottenuti tramite operazioni dirette ma solo tramite somma di valori precedenti
3. I valori devono essere progressivi

Il programma sotto, ad esempio, è corretto: fate attenzione alla definizione di grandezze...

```
program birreria;

{$mode objfpc}
```

```

type
  grandezze = (litro=1, bottle=2, fusto=bottle+bottle+
      ↪ litro);

var
  birra: grandezze;

begin
  birra := fusto;
  WriteLn('Hai preso un ',birra,' di birra');
  WriteLn('Litri di birra = ',Ord(birra));
end.
```

Console

Hai preso un fusto di birra
Litri di birra = 5

Le seguenti dichiarazioni sono invece sbagliate:

- `grandezze=(litro=1, bottle=2.5, fusto=bottle+bottle+litro);` → vedi punto 1
- `grandezze=(litro=1, bottle=litro*2, fusto=bottle+bottle+litro);` → vedi punto 2
- `grandezze=(litro=1, bottle=3, fusto=bottle-litro);` → vedi punto 3

Un altro modo per raggruppare i dati è costituito dai subrange: i subrange sono collezioni di dati all'interno di tipi ordinali. Il loro uso serve per delimitare con precisione i valori da poter scegliere all'interno di un insieme più grande.
Per il prossimo esempio abbandoniamo il nostro mondo alcolico e ritorniamo ad essere persone serie:

```
program EsempioSubrange;

{$mode objfpc}

type
  Giorno = (Lun, Mar, Mer, Gio, Ven, Sab, Dom);
  GiornoLavorativo = Lun..Ven;

var
```

```
  oggi: Giorno;
  lavorativo: GiornoLavorativo;

begin
  oggi := Gio;                  // OK
  lavorativo := Mar;            // OK

  // lavorativo := Dom;         // Errore! Dom non è in Lun..Ven
end.
```

In Object Pascal (e già compreso nella primigenia versione di Niklaus Wirth) è presente un ulteriore comando che permette di raccogliere variabili: il `set of`. Visivamente possono ricordare i `subrange` ma sono in realtà molto dissimili: un `set of` è un insieme di valori discreti ordinati, non ripetuti, appartenenti a un tipo scalare (tipicamente enumerativi, caratteri, o interi con range limitato).
Ad esempio:

```
type
  TColori = (Rosso, Verde, Blu, Giallo);
  TInsiemeColori = set of TColori;

var
  preferiti: TInsiemeColori;

begin
  preferiti := [Rosso, Blu];
end.
```

La differenza con i `subrange` è sottile e non immediatamente comprensibile.
Un `subrange` è un valore compreso all'interno di range continuo di numeri indicizzati, utilizzato prevalentemente per evitare che ad una variabile venga dato un valore non desiderato.
È la restrizione di un tipo, in poche parole.

```
var
  x: 1..10;

begin
  x := 5;    // OK
  x := 11;   // ERRORE: fuori range
```

Un `set of` rappresenta invece una pluralità di valori che una variabile può assumere, presi all'interno di un insieme limitato.

```
var
  s: set of 1..10;

begin
  s := [1, 3, 5];       // contiene tre valori
  if 3 in s then        // controllo se 3 è presente
    s := s + [4];       // aggiungo 4
  s := s - [1, 3];      // rimuovo 1 e 3
end.
```

Si tratta quindi di una struttura dati leggermente più complessa di un `subrange`. La natura di un `set of` ha a che vedere più con l'insiemistica che con il controllo; una variabile può assumere una pluralità di valori e, per verificare la presenza o meno di uno di essi utilizziamo il costrutto `in`.

```
program letterine;

{$mode objfpc}

var
  Vocali: set of Char;
  Lettere: set of Char;

begin
  Vocali := ['a', 'e', 'i', 'o', 'u'];
  Lettere := ['a'..'z'];
  if 'a' in Vocali then
    WriteLn('a è una vocale');
end.
```

Console

```
a è una vocale
```

I `subrange` sono invece utilizzati per lo più per sincerarsi che i dati non assumano valori non contemplabili nel nostro codice.
Il sigificato delle operazioni aritmetiche, con i `set of`, muta in senso insiemistico

Operatore	Esito
+	Unione
-	Differenza
*	Intersezione
= , <>	Uguaglianza o disuguaglianza
<= , >=	Inclusione o esclusione

I `set of` sono un costrutto elegante, con sue parentesi quadre e la sintassi semplicissma da comprendere; non so se ci abbiate fatto caso ma, fino ad ora, il linguaggio ideato da Wirth, in termini di leggibilità e chiarezza, è superiore agli altri di qualche spanna. E lo sarà ancora di più nei capitoli che seguiranno.
Dentro ad un `set of` non possono esserci altro che valori numerici puri, dati "semplici"; se vogliamo invece creare insiemi contenenti un qualsiasi tipo di dato (anche `record` ad esempio) dobbiamo rivolgerci agli `array`.

3.3.7 Array di variabili

Un `array` altro non è se non una collezione indicizzata di elementi dello stesso tipo: può essere statica, dinamica ed anche multidimensionale.
Il tipo statico di `array` è dichiarato in questa maniera:

```
var
  ilMioArray: array [1..100] of integer
```

Come si può intuire `ilMioArray` altro non sarà se non un insieme di un centinaio[19] di numeri interi, uno in fila all'altro, magari senz'alcuna altra logica a collegarli insieme se non l'ordine di inserimento.
Il numero degli elementi può essere deciso dal programmatore direttamente in sede di scrittura oppure lasciato completamente libero. Se avessimo voluto rendere `ilMioArray` dinamico avremmo scritto in questa maniera:

```
var
  ilMioArray:array of integer
```

Bisogna fare attenzione ad un dettaglio però: non confondere la grandezza degli array con i valori inseriti all'interno!
Se noi scriviamo una cosa di questo genere

[19] Come si può vedere la mia numerazione è potuta partire da 1 anziché da 0 a differenza di quello che accade con altri linguaggi come C, C++ o Java. Questo perché in Object Pascal indichiamo non solo il numero di elementi totali ma anche la partenza della numerazione. Tuttavia è buona pratica anche in questo linguaggio partire da 0, fondamentalmente per ragioni di compatibilità.

```
var
  ilMioArray:array [1..100] of integer
```

ciò non significa che l'array conterrà al suo interno i numeri da 1 a 100 ma solo che sarà costituito da un centinaio di posizioni possibili. Se volessimo popolarlo, effettivamente, con i numeri da 1 a 100 avremmo dovuto scrivere qualcosa del genere:

```
program SimpleArray;

{$mode objfpc}

var
  myArray: array[0..99] of Integer;
  j: integer;

begin
  for j := 0 to High(myArray) do
  begin
    myArray[j] := j;
    WriteLn('Value ',myArray[j],' at position ',j);
  end;
end.
```

`High` è una funzione che restituisce la posizione massima all'interno dell'array.
È possibile creare un array con una moltitudine di tipi, come ad esempio:

- Tipi ordinali: `Integer`, `Byte`, `Boolean`
- Tipi di carattere: `Char`, `String`
- Tipi reali: `Single`, `Double`, `Currency`
- Tipi strutturati: `record`
- Tipi a modo loro: `Variant`

Per accedere al singolo valore di un `array` si utilizzano le parentesi quadrate e si inserisce tra di esse l'indice del valore desiderato. Ad esempio:

```
program primoArray;

{$mode objfpc}

uses
```

```
  SysUtils;
var
  temp: array[0..3] of integer;
  i: integer;

begin
  temp[0] := 35;
  temp[1] := 37;
  temp[2] := 32;
  temp[3] := 28;
  for i := 0 to 3 do
    WriteLn('Temperatura '+i.ToString + ': ' + temp[i].
      ↪ ToString);
end.
```

Questo l'output a terminale:

Console

```
Temperatura 1: 35
Temperatura 2: 37
Temperatura 3: 32
Temperatura 4: 28
```

L'`array` risulta particolarmente comodo quando dobbiamo creare files e blocchi di memoria costituiti a partire da record.
In questo esempio dovremmo inserire un paio di nomi ed un paio di cognomi: il programma non farà altro che restituirceli alla fine del processo di inserimento.[20]

```
program arrayDiRecord;

{$mode objfpc}

uses
  SysUtils; // Serve per il comando ToString che
      ↪ trasforma un intero in una stringa
type
  TRubrica = record
    nome: string;
    cognome: string;
  end;

```

[20]Come sempre non statevi troppo a soffermare su comandi particolari come `ToString` oppure il ciclo `for...do` che non abbiamo ancora visto. Vedremo tutto in seguito

```
var
  persone: array[1..2] of TRubrica;
  i: integer;

begin
  for i:=1 to 2 do
  begin
    WriteLn('Inserisci persona '+ i.ToString);
    Write('Nome persona ' +i.ToString+':');
    ReadLn(persone[i].nome);
    Write('Cognome persona '+i.ToString+':');
    ReadLn(persone[i].cognome);
  end;
  WriteLn('Vediamo ora cosa hai inserito:');
  for i:=1 to 2 do
    WriteLn(persone[i].nome + ' ' + persone[i].cognome);
end.
```

Questo il risultato:

Console

```
Inserisci persona 1
Nome persona 1: Riccardo
Cognome persona 1: Santato
Inserisci persona 2
Nome persona 2: Betty
Cognome persona 2: Boop
Vediamo ora cosa hai inserito:
Riccardo Santato
Betty Boop
```

Gli array possono essere dotati di più dimensioni[21], scritti in questa maniera:

```
var
  a:array[1..2, 1..2] of Integer; // Uno spazio piano 2x2
  b:array[1..2, 1..2, 1..2] of Integer; // Uno spazio cubico 2x2x2
```

Essi sono dunque il nostro metodo privilegiato per rappresentare matrici, anche complesse, di dati. Sono utilissimi...

[21] Fino a 255!

- quando si hanno dati organizzati in righe e colonne
- per rappresentare spazi, mappe, immagini
- per eseguire operazioni matematiche, trasformazioni geometriche
- per analizzare dati, reti, connessioni
- nei giochi, nella grafica, nella robotica, nella scienza.

Vediamo, con una tabella, quali sono i comandi più utilizzati per la manipolazione degli array:

Operatore	Esito
`High(a)`	Indice più alto di un array (statico o dinamico)
`Low(a)`	Indice più basso di un array
`Length(a)`	Numero di elementi (funziona anche per array statici in Lazarus)
`SetLength(a,n)`	Cambia la lunghezza di un array dinamico
`FillChar(x,size,value)`	Riempie l'array con un byte specifico
`Move(source,dest,count)`	Copia dati tra array o memoria
`Copy(a,index,count)`	Copia una porzione di un array dinamico
`Concat(a1,a2)`	Concatena array dinamici
`Delete(a,index,count)`	Elimina elementi (valido per stringhe o array di Char/Byte)
`Insert(x,a,count)`	Inserisce valore (valido per stringhe o array di Char/Byte)
`for...in`	Itera sugli elementi
`for i := Low(a) to High(a)`	Itera sugli indici

3.3.8 Considerazioni finali

Come ho detto nelle pagine precedenti Object Pascal è un linguaggio fortemente tipizzato a differenza del C o del C++. I tipi di dati a disposizione sono davvero molti e permettono di manipolare i dati in un monte di maniere.

Ma se una particolare funzione di cui ho bisogno necessita, come input, di una stringa ed io a disposizione ho solo un Integer? Come posso adoperare questo valore?

In questo, come in altri linguaggi, è possibile lavorare con i dati cambiandone internamente la rappresentazione: se avete prestato attenzione l'avete visto nei listati precedenti quando ho chiamato in causa il comando `ToString`. Quest'ultimo altro non fa se non trasformare un numero in una stringa.
Questo procedimento prende il nome di *typecasting*, cioè l'operazione con cui chiediamo esplicitamente ad un programma di trattare un valore come se fosse di un altro tipo. Ecco qui di seguito alcune funzioni utili per modificare un tipo di dato in un altro:

Comando	**Descrizione**
`Round(f)`	Trasforma un numero reale in un intero per arrotondamento
`Trunc(f)`	Trasforma un reale in un intero troncando la parte frazionaria
`Int(i)`	Trasforma un reale in un intero troncando la parte frazionaria ed arrotondando verso il basso
`IntToStr(i)`	Trasforma un numero intero in una stringa
`StrToInt(s)`	Converte una stringa in un intero
`FloatToStr(f)`	Trasforma un numero reale in una stringa
`StrToFloat(s)`	Converte una stringa in un numero reale
`Str(x)`	Converte un numero (intero o reale) in una stringa
`Val(s)`	Trasforma una stringa in un numero (intero o reale)
`DateToStr(date)`	Converte una data in una stringa
`StrToDate(s)`	Converte una stringa in una data
`TimeToStr(time)`	Converte un'orario in una stringa
`StrToTime(s)`	Converte una stringa in un'orario
`Chr(i)`	Converte un numero in un carattere
`Ord(c)`	Converte un carattere in un numero

I comandi `Int` e `Val` sono mantenuti per compatibilità col vecchio Turbo Pascal.

Esiste un ultimo tipo di dato, peculiare del linguaggio Pascal creato da Wirth: il tipo `file of`.

Si tratta di una maniera molto pratica e comoda per gestire i propri file a partire da dati ricorrenti; è possibile costruire file a partire da semplici numeri, da array e da record in questa maniera[22]:

```
type
  IntFile = file of Integer; // Un semplice file di
    ↪ numeri interi

  TPersona = record
    ID: Integer;
    Nome: string[30];
    Eta: Byte;
  end;
    F: file of TPersona; // Un file di record
```

Il tipo `file of` tuttavia verrà trattato più avanti, in un capitolo a parte. Serve infatti prima progredire con le strutture base del linguaggio per poter apprezzare a pieno la potenzialità di questo tipo di operatore e la comodità insita in questo metodo di lavoro.

Concludiamo qui la nostra disamina sui tipi di dati presenti in Object Pascal. Alla fine, conoscendo tutti quanti, ci si rende conto che questo linguaggio è simile ad una famiglia strampalata:

- Gli `Integer`, i cugini affidabili, quelli su cui puoi fare affidamento sempre
- I `Real`, gli zii sognatori, con un piede costantemente perso nelle nuvole dei decimali
- I `Boolean`, i genitori che non ammettono le mezze misure
- I `Char` i nipotini piccoli ma essenziali
- Gli `String`, le zie chiacchierone
- I `Variant` i nonni a volte confusi, che non hanno mai le idee chiare
- I `Puntatori`, il nostro amatissimo cane, sempre a caccia del gatto del vicino

Pur tuttavia, se questa famiglia ha una storia lunga oltre cinquant'anni, qualche pregio lo deve pur avere.

[22] Se magari siete tastieristi come me potete pensare a quanto sia comodo gestire i vari suoni di un sintetizzatore in formato SysEx con questo sistema.

4 Funzioni, condizioni, complicazioni

4.1 Funzioni e procedure

Le funzioni e le procedure sono modi che ha l' Object Pascal di svolgere compiti particolari; esse consistono in collezioni di comandi che formano dei veri e propri sottoprogrammi, o *subroutines*.
Ciò che primariamente differenzia le une dalle altre è il fatto che le funzioni ritornino almeno un valore calcolato mentre le procedure no.

4.1.1 Differenze, parametri ed argomenti

Entrambe si presentano, all'interno del nostro codice, in due modi diversi ciascuna, e cioè

- se le stiamo implementando
- se le stiamo chiamando

Nel primo caso informiamo il compilatore su come egli debba procedere una volta che la funzione viene chiamata. In parole povere: che azioni compie questa *subroutine*? Cosa devo farle fare?
Iniziamo la spiegazione partendo dalla procedura e con un facile esempio:

```
program UnSempliceSaluto;

{$mode objfpc}

procedure saluta(nome:string; cognome:string);
begin
  WriteLn('Ciao ',nome, ' ', cognome);
```

```
8  end;
9
10 begin
11   saluta('Riccardo', 'Santato');
12 end.
```

Alla riga 5 abbiamo implementato, *dichiarato*, la nostra procedura che abbisogna di un paio di stringhe in input per funzionare: esse sono racchiuse all'interno di parentesi tonde, in maniera molto simile a quanto avviene nel linguaggio C ad esempio. A chiudere il tutto il nostro solito punto e virgola (";"), segnale che l'istruzione è stata affermata.

```
5    procedure saluta(nome:string; cognome:string);
```

Nella riga 11 la medesima procedura viene chiamata: non ha più bisogno del lemma `procedure` all'inizio della riga perché il compilatore sa già di cosa si tratta, ne conosce già la natura.

```
11   saluta('Riccardo', 'Santato');
```

Nel nostro caso `nome` e `cognome`, inseriti nella *dichiarazione*, sono gli elementi necessari per l'input e vengono comunemente definiti *parametri*. Essi sono necessariamente separati da un punto e virgola (";") mentre durante la chiamata della procedura, che avviene alla riga 11, essi sono divisi da una semplice virgola (","). I valori effettivi, che abbiamo passato in fase di richiamo della procedura, `Riccardo` e `Santato`, non si definiscono più *parametri* bensì *argomenti*.
Se i parametri di input sono dello stesso tipo come nel nostro caso (entrambi stringhe), avremmo potuto, in virtù di un concetto di eleganza e leggibilità del codice, accorparli in questa maniera (sempre nella riga 5) utilizzando una virgola (","):

```
3 procedure saluta(nome,cognome:string);
```

Se invece essi fossero stati di tipi differenti, come in questo esempio...

```
5    procedure saluta(nome:string; anni:integer);
```

...il punto e virgola (";") sarebbe stato obbligatorio.
All'inizio questo aspetto può sembrare caotico ma poi ci si fa subito l'abitudine.

Una funzione si presenta in maniera analoga ad una procedura, sia nella dichiarazione che nella chiamata, con le stesse regole di virgole e punti e virgola. L'unica differenza è che richiede, dopo le parentesi, i due punti (":") ed un tipo di valore.
Come esempio semplice calcoliamo l'area di un cerchio:

```
program calcoloAreaCerchio;

{$mode objfpc}

var
  risultato: single;

function calcola(raggio:single):single;
begin
  calcola := (raggio*raggio*3.1415);
end;

begin
  risultato := calcola(7.6); // Scelgo un valore a caso
  WriteLn('L''area è',risultato);
end.
```

Console

L'area è 1.814530334E+02

In questo listato `raggio` era il nostro *parametro* mentre `7.6` l'*argomento*. Essendo una funzione diventa chiaro il fatto che dobbiamo assegnare il suo risultato ad una variabile, cioè `risultato`. Una piccola tabella riassuntiva:

Dichiarazione	Chiamata
`procedure test(a,b:string; c:integer);`	`test(a,b,c);`
`function test(a,b:string; c:integer):integer;`	`d:=test(a,b,c);`

4.1.2 Valori di ritorno

Data una funzione qualsiasi, come si fa ad ottenere il valore calcolato da essa?
A questo proposito ci sono più soluzioni: in tantissimi linguaggi di programmazione si userebbe il comando *return* che, tuttavia, non esiste in Pascal. Si può ottenere il valore di ritorno:

1. utilizzando una variabile che ha il medesimo nome della funzione che la definisce[1]

2. utilizzando il comando Exit

3. utilizando il comando Result

Partiamo dal primo caso.
Poniamo il semplicissimo esempio di una funzione che sommi due valori dati. Se scegliamo la prima opzione il listato sarà come questo:

```
1  program sommaConUnaFunzione;
2
3  {$mode objfpc}
4
5  var
6    x, y, z:integer;
7
8  function somma(a, b:integer):integer;
9  begin
10   somma := a+b;
11
12   // Da notare questa linea...
13   WriteLn('Vedrai che anche questa linea viene scritta.');
14 end;
15
16 begin
17   x := 4;
18   y := 8;
19   z := somma(x,y);
20   WriteLn('La somma è ', z);
21 end.
```

Il risultato:

Console

Vedrai che anche questa linea viene scritta. La somma è 12

Nel caso di cui sopra il risultato al prompt sarà che verrà mostrata sia la stringa '*Vedrai che anche questa linea viene scritta*' sia '*La somma è 12*'. Perché? Semplice, perché l'esecuzione **non** termina nel momento in cui il valore di ritorno è stato calcolato: in altre parole la funzione somma non si ferma alla linea 8 ma al

[1]Come nell'ultimo esempio col calcolo dell'area del cerchio.

contrario l'esecuzione continua fino al solito end.
Possiamo fare in modo che l'esecuzione si fermi del tutto, un po' come succede utilizzando il comando "*return* " presente in altri linguaggi? Certo, con l'operatore `Exit` visto al punto 2:

```
program sommaConUnaFunzione;

{$mode objfpc}

var
  x, y, z: integer;

function somma(a, b:integer):integer;
begin
  Exit(a+b);
  // Attenzione adesso...
  WriteLn('Vedrai che questa linea NON VIENE scritta.');
end;

begin
  x := 4;
  y := 8;
  z := somma(x,y);
  WriteLn('La somma è ', z);
end.
```

In questo caso, invece, il risultato è:

Console

```
La somma è 12
```

Esiste anche una terza modalità che utilizza il comando `Result`.
Pur tuttavia questa soluzione presenta lo svantaggio di NON bloccare lo svolgimento dell'intera funzione, alla stessa stregua della prima soluzione mostrata sopra.

```
program sommaConUnaFunzione;

{$mode objfpc}

var
  x, y,z: integer;

function somma(a, b:integer):integer;
begin
```

```
  Result := a+b;
  // Da notare questa linea...
  Writeln('Anche stavolta questa linea viene mostrata');
end;

begin
  x := 4;
  y := 8;
  z := somma(x,y);
  Writeln('La somma è ',z);
end.
```

Ecco cosa vediamo alla console:

Console

Anche stavolta questa linea viene mostrata
La somma è 12

Credo sia importante conoscere come Object Pascal restituisca i valori, per non trovarci impreparati a gestirne le conseguenze.
Può capitare anche che ci ritroviamo nella condizione di fornire come output di una funzione una pluralità di valori ma la sintassi di Object Pascal proibisce espressamente questa pratica. Il motivo è che si rischia di inficiare la leggibilità del codice e la semplicità dell'implementazione.
Tuttavia si può derogare facilmente a questa apparente limitazione: a mio parere il metodo migliore per farsi restituire una molteplicità di valori è di usare un `record`, come nell'esempio qui sotto.

```
program sommaEmoltiplica;

{$mode objfpc}

type
  risultati = record
    somma: integer;
    prodotto: integer;
  end;

var
  x, y: integer;
  myRecord: risultati;

function funzioneSommaEmoltiplica(a, b:integer):
```

```
    ↪ risultati;
begin
  Result.somma := a+b;
  Result.prodotto := a*b;
end;

begin
  x := 4;
  y := 8;
  myRecord:=funzioneSommaEMoltiplica(x,y);
  WriteLn('La somma ammonta a = ',myRecord.somma);
  WriteLn('Il prodotto ammonta a = ',myRecord.prodotto);
end.
```

Anche se l'esempio di cui sopra poteva essere risolto con l'utilizzo di un `array`, trovo che il `record` sia una soluzione più versatile. Esso infatti permette di utilizzare una pluralità di tipi diversi al proprio interno a differenza di un `array` che permette di usarne uno solo.
Vediamo come si sarebbe potuta risolvere la cosa con un `array`:

```
program sommaEMoltiplicaConArray;

{$mode objfpc}

type
  valoriCalcolati=array[1..2] of integer;

var
  x, y: integer;
  iMieiNumeri: valoriCalcolati;

function funzioneSommaEMoltiplica(a, b:integer):
    ↪ valoriCalcolati;
begin
  result[1] := a+b;
  result[2] := a*b;
end;

begin
  x := 4;
  y := 8;
  iMieiNumeri := funzioneSommaEMoltiplica(x,y);
  WriteLn('La somma ammonta a = ',iMieiNumeri[1]);
  WriteLn('Il prodotto ammonta a = ',iMieiNumeri[2]);
end.
```

4.1.3 Passaggio dei parametri

In Object Pascal, il passaggio di parametri può avvenire in due modi principali: per *valore* e per *riferimento*. Ecco la differenza: quando passate un parametro per valore, viene creata una *copia* del valore originale. Le modifiche al parametro all'interno della procedura/funzione non influenzano la variabile originale.

Diversamente usando la parola chiave `var`, fornite un riferimento alla variabile originale. Le modifiche al parametro influenzano direttamente la variabile originale. Vediamo il tutto con degli esempi. Partiamo dal passare un parametro per valore

```
program passaggioPerValore;

{$mode objfpc}

procedure ModificaPerValore(x: integer);
begin
  x := x + 10;  // Modifica solo la copia locale
  writeln('Dentro la procedura: ', x);
end;

var
  numero: integer;

begin
  numero := 5;
  ModificaPerValore(numero);
  writeln('Fuori dalla procedura: ', numero);
end.
```

L'output sarà:

Console

Dentro la procedura: 15
Fuori dalla procedura: 5

Ecco come si presenta il codice se passiamo la variabile `x` per riferimento anziché per valore:

```
program passaggioPerRiferimento;

{$mode objfpc}

procedure ModificaPerRiferimento(var x: integer);
begin
```

```
7     x := x + 10; // Modifica solo la copia locale
8     writeln('Dentro la procedura: ', x);
9   end;
10
11  var
12    numero: integer;
13
14  begin
15    numero := 5;
16    ModificaPerRiferimento(numero);
17    writeln('Fuori dalla procedura: ', numero);
18  end.
```

Console

Dentro la procedura: 15
Fuori dalla procedura: 15

Una singola parolina (`var`) può davvero cambiare le cose, ed in maniera decisamente potente.

Ma cosa avviene davvero sotto il cofano?

Nel passaggio per riferimento, con `var`, internamente viene passato il puntatore (indirizzo di memoria) alla variabile originale. Nel nostro caso la procedura `ModificaPerRiferimento(numero)` alla linea 16 passa l'indirizzo di `numero`: il parametro `x` presente nella definizione della procedura stessa è internamente un puntatore all'indirizzo di `numero`.

Modificando `x` stiamo modificando il contenuto all'indirizzo puntato[2]. Se si vuole avere necessariamente a che fare con i puntatori questo esempio credo sarà illuminante:

```
program passaggioPerPuntatori;

{$mode objfpc}

procedure IncrementaP(px: PInteger);
begin
  px^ := px^ + 1; //deriferimento del puntatore
end;

var
```

[2]Ve l'avevo detto, d'altra parte, che i puntatori in Object Pascal sono trattati in maniera tutto sommato opaca. Questo è uno di quei casi.

```
  a: Integer;

begin
  a := 5;
  IncrementaP(@a);      // Passo l'indirizzo
  writeln(a);           // Stampa 6
end.
```

Lo capite adesso perché Object Pascal sceglie, se può, di trattare i puntatori in maniera opaca? Fondamentalmente per una sintassi più elegante e per ridurre al minimo la possibilità di errore.

Ma è proprio del tutto vero che una procedura non può restituire dei dati? In sostanza non è proprio così.
Abbiamo infatti visto che una funzione ritorna necessariamente un valore ma è anche vero che una procedura può alterare uno dei suoi parametri in ingresso per fornire comunque un valore da utilizzare all'esterno.
In questo caso l'operatore var risulta essere particolarmente utile. Vediamo come....

```
program funzioniEprocedure;

{$mode objfpc}

var
  raggio: single=5;
  areaDaProcedura: single=0;
  areaDaFunzione: single=0;

procedure calcolaConProcedura(r:single; var a:single);
begin
  a := r*r*3.14
end;

function calcolaConFunzione(r:single):single;
begin
  Result := r*r*3.14;
end;

begin
  areaDaFunzione := calcolaConFunzione(raggio);
  calcolaConProcedura(raggio, areaDaProcedura);
  WriteLn('Area da funzione = ', areaDaFunzione);
  WriteLn('Area da procedura = ', areaDaProcedura);
end.
```

Alla console vi apparirà questo risultato[3]:

Console

```
Area da funzione = 7.850000000E+01
Area da procedura = 7.850000000E+01
```

Come potete osservare anche una funzione può, in qualche maniera, ritornare dei valori calcolati. Pur tuttavia credo converrete con me che utilizzare le procedure in questo modo risulti essere particolarmente scomodo e foriero di errori.
Provate infatti a togliere quel `var` dalla riga 10 e vedete cosa succede. Abbiamo visto che passare per valore significa fondamentalmente creare una *copia* del valore originale per elaborarlo in qualche maniera. Ma se vogliamo essere sicuri che quel dato in ingresso non venga modificato in alcun modo, come possiamo fare? Con il comando `const`.
Si tratta alla fine di un passaggio per riferimento[4] *non modificabile*; questo migliora le prestazioni, evitando la copia di oggetti grandi e limitando l'utilizzo di memoria. Se infatti non indichiamo il parametro `const`, il compilatore assume che potremmo, in qualche punto del programma, andare ad alterare una o più variabili oggetto del nostro input. Questa la ragione per cui, in mancanza di `const` e per sicurezza, FPC alloca variabili "parallele" e nascoste all'utente; peccato solo che, in determinate circostanze, questo comportamento possa essere molto esoso in termini di memoria.
Altro parametro degno di menzione è `out`.
Lo scopo di questo modificatore di parametro è simile a `var` ma, a differenza di esso, `out` ha lo scopo di indicare che il parametro verrà usato solo per restituire un valore in uscita (output, per l'appunto), e non per ricevere dati in ingresso. Detto in maniera diversa, con `out` la variabile che segue viene immediatamente azzerata all'ingresso; è una maniera, come dire, *alternativa* di ottenere dei valori di ritorno da una procedura.
Probabilmente questo aspetto potrà far sorridere qualche lettore: cosa importa preoccuparsi di ciò quando si hanno gigabyte di memoria RAM inseriti all'interno del mio computer? Vado a preoccuparmi di una o più variabili da pochi byte?
Se si costruisce un'applicazione desktop magari questo potrebbe non essere un problema. Ma se un domani un eventuale cliente ci chiedesse un programma per una macchina a controllo numerico, dotata di un valore esiguo di RAM e con un processore magari molto datato?
Oppure se un altro cliente ci chiedesse un applicativo per un dispositivo IoT, notoriamente parchi di risorse allocabili? Riassumiamo:

---

[3]Vero o no che adesso una notazione scientifica non vi fa più paura?

[4]Per tipi semplici `const` non è sempre passato per riferimento: a volte il compilatore ottimizza passando comunque per valore.

Modificatore	Significato semplice	Quando usarlo
Nessuno	Passa una copia	Tipi piccoli, se devi modificarli
`var`	Passa per riferimento e modificabile	Quando vuoi che venga modificato
`const`	Passa per riferimento, ma non modificabile	Quando vuoi sola lettura, ottime prestazioni
`out`	Passa per riferimento ma azzera immediatamente la variabile	Quando serve un dato in uscita

4.1.4 Sovraccarichi... pericolosi!

È possibile chiamare la medesima funzione dando come input tipi di valori diversi? Ai primordi della programmazione ciò non era permesso: si rendeva necessario creare funzioni diverse, con nomi diversi e dati di input altrettanto differenti.
Poi arrivò Bjarne Stroustrup col suo linguaggio C++ nel 1983 e fu il primo ad inventare quello che oggi viene chiamato l'*overload degli operatori*.
Da allora tutti i linguaggi di programmazione orientati agli oggetti hanno dovuto implementare questa tecnica di programmazione che, se ben sfruttata, può facilitare parecchio il lavoro.
Per capire facilmente cosa intendo vi mostro questo esempio:

```
program overloadOperatori;

{$mode objfpc}

var
  x, y: integer;
  z, k: single;

function mediaAritmetica(a, b:integer):integer;overload;
begin
  Result := (a+b) div 2;
  WriteLn('Chiamata la versione con gli interi');
  WriteLn('Il risultato è ', Result);
end;

function mediaAritmetica(a, b:single):single;overload;
begin
  Result := (a+b)/2;
  WriteLn('Chiamata la versione con i reali');
  WriteLn('Il risultato è ', Result);
end;
```

```
22
23 begin
24   x := 4;
25   y := 6;
26   z := 5.6;
27   k := 7.9;
28   mediaAritmetica(x,y);
29   mediaAritmetica(z,k);
30 end.
```

Il nome della funzione chiamata è sempre `mediaAritmetica` ma, a seconda del tipo di dato che forniamo, verrà scelta una delle due implementazioni possibili. Difatti alla console questo sarà il risultato:

Console

```
Chiamata la versione con gli interi
Il risultato è 5
Chiamata la versione con i reali
Il risultato è 6.750000000E+00
```

Per poter utilizzare l'overload degli operatori si rende necessario inserire il comando `overload` dopo la definizione di ciascuna versione della funzione in oggetto[5].

4.1.5 Mescoliamo tutto, vi va?

Non mi stancherò mai di dire che, in un computer, tutto è un numero. E se è un numero, ha anche un indirizzo di memoria, giusto?!?
Certo, e questo vale anche per le funzioni e le procedure. Possiamo infatti implementare il *puntatore ad una procedura*, così, giusto per mescolare un po' le cose.
Vediamo di seguito un esempio molto semplice ma che nasconde grandi cose sotto al cofano:

```
program EsempioSemplice;

{$mode objfpc}

```

[5]Alla riga 11 è stato utilizzato il comando `div` perché se avessi adoperato il segno di divisione (\), tale operatore avrebbe restituito come output un tipo frazionario mentre la funzione è dichiarata per restituire un `Integer`. L'operatore `div` restituisce la parte intera per troncamento, eliminando il problema.

```
5  type
6    TMiaProc = procedure; //Puntatore a procedura
7
8  procedure SalutaItaliano;
9  begin
10   WriteLn('Ciao!');
11 end;
12
13 procedure SalutaInglese;
14 begin
15   WriteLn('Hello!');
16 end;
17
18
19 procedure Saluta(QualeSaluto: TMiaProc);
20 begin
21   Write('Il saluto è: ');
22   QualeSaluto; // Chiama la procedura tramite il puntatore
23 end;
24
25 begin
26   Saluta(@SalutaItaliano); // Passa il punt. a SalutaItaliano
27   Saluta(@SalutaInglese); // Passa il punt. a SalutaInglese
28 end.
```

Come output avremo:

Console

```
Il saluto è: Ciao!
Il saluto è: Hello!
```

Il codice qui sopra, in apparenza triviale, è in realtà molto potente: dalla procedura `Saluta` io posso, in automatico, chiamare in soccorso altre due diverse *routine*, `SalutaItaliano` e `SalutaInglese`, a seconda di dove io punti `QualeSaluto`, parametro di tipo puntatore ad un'ulteriore procedura.

Se guardate bene `QualeSaluto`, procedura (potrebbe essersi trattato anche di una funzione se avessimo avuto un valore di ritorno) richiamata alla riga 22 non è assolutamente implementata da alcuna parte: potete cercare quanto volete, non la troverete.

Essa infatti è un puntatore ad una funzione a nostra scelta: l'unico *caveat*, l'unico aspetto su cui prestare attenzione è che il puntatore alla funzione/procedura e le

implementazioni delle stesse dovranno avere il medesimo numero di parametri e con le stesse tipologie.
Non si può, per esempio, scrivere un programma del genere:

```
program Sbagliato;

{$mode objfpc}

type
  TMiaFunc = function(a, b: Integer): Integer;

function SommaConExtra(a, b, c: Integer): Integer;
begin
  Result := a + b + c;
end;

function SommaConVar(var a, b: Integer): Integer;
begin
  Result := a + b;
end;

var
  Operazione: TMiaFunc;

begin
  Operazione := @SommaConExtra; // NO! Parametro in più
  Operazione := @SommaConVar; // NO! Paramtro diverso
end.
```

Questa implementazione, invece, avrebbe funzionato:

```
program Corretto;

{$mode objfpc}

type
  TMiaFunc = function(a, b, c: Integer): Integer;

function Somma(a, b, c: Integer): Integer;
begin
  Result := a + b + c;
end;

var
  Operazione: TMiaFunc;

```

```
begin
  Operazione := @Somma;
  WriteLn(operazione(1,2,3));
end.
```

4.2 "La potenza è nulla senza controllo"

Tutti i programmi in informatica sono, ovviamente, creazioni umane e come tali risentono, al pari dei loro creatori, della necessità di prendere delle decisioni: esse possono essere fatte in completa autonomia oppure guidate dall'utente.
Per ottemperare a questo scopo tutti i linguaggi di programmazione adoperano quelle che in gergo nerd vengono definite *statements*: parole chiave che dirigono il flusso del programma e ne modificano il comportamento in tempo reale.
Non fatevi troppe illusioni però: il più delle volte il vostro codice farà quello che vuole lui o, peggio ancora, produrrà dei risultati inaspettatamente positivi, di gran lunga superiori a quello che voi avevate in mente. Questo senza che voi ne capiate il vero motivo, ovviamente.
Anche questo è il bello della programmazione.

4.2.1 if...then, else

Si tratta della più classica delle strutture di controllo: se capita una determinata condizione fai questo, altrimenti quest'altro (oppure non fare nulla). Tuttavia in Object Pascal, a causa della volontà originaria di Wirth di creare un linguaggio dal taglio "discorsivo", bisogna stare attenti alle virgole. Letteralmente. Vediamo un esempio semplice:

```
program strutture_if;
{$mode objfpc}
var
  valore: integer;
begin
  WriteLn('Vediamo se indovini il numero!');
  Write('Scrivi un valore da 1 a 10: ');
  Read(valore);

  if valore = 7 then
    WriteLn('Hai indovinato!')
  else
    WriteLn('Non hai indovinato');
end.
```

Notato nulla di strano? La riga

```
  WriteLn('Hai indovinato!')
```

è senza punto e virgola alla fine. Perché? Come dicevo sopra, questa è la natura un po' discorsiva che si porta dietro Object Pascal fin dalle sue prime origini. La cosa tuttavia può portare facilmente ad errori: se proviamo per esempio ad aggiungere alla medesima riga il classico punto e virgola, il compilatore si lamenterà e non creerà l'eseguibile.

C'è un altro aspetto che mi preme evidenziare: Object Pascal premia la semplicità e la massima leggibilità del codice.

Se ad esempio proviamo a modificare il listato sopra in questa maniera

```
  if valore = 7 then
    WriteLn('Hai indovinato...')
    WriteLn('...e sei stato molto bravo')
```

il compilatore non riuscirà a fare il suo lavoro.

In altri termini, se una condizione `if...then, else` comporta due o più azioni a seguito di una medesima condizione è necessario inserire il tutto in una struttura compresa tra `begin` ed `end` ma sempre senza il punto e virgola se dopo c'è un `else`, in questa maniera:

```
program strutture_if;

{$mode objfpc}

var
  valore: integer;

begin
  WriteLn('Vediamo se indovini il numero!');
  Write('Scrivi un valore da 1 a 10: ');
  Read(valore);

  if valore = 7 then
  begin
    WriteLn('Hai indovinato...');
    WriteLn('...e sei stato molto bravo.');
  end
  else
    WriteLn('Non hai indovinato');
end.
```

Lo avete visto il comando end alla riga 17? Non ha il punto e virgola, segno che (anche a livello "discorsivo") la condizione continua in una qualche maniera.
Nel caso in cui `else` non fosse stato presente la struttura `begin`...end avrebbe dovuto terminare con un punto e virgola.
D'altra parte la "frase" sarebbe terminata lì, giusto?
Ecco qui sotto come sarebbe risultata:

```
1  program strutture_if;
2
3  {$mode objfpc}
4
5  var
6    valore: integer;
7
8  begin
9    WriteLn('Vediamo se indovini il numero!');
10   Write('Scrivi un valore da 1 a 10: ');
11   Read(valore);
12
13   if valore = 7 then
14   begin
15     WriteLn('Hai indovinato...');
16     WriteLn('...e sei stato molto bravo.');
17   end;
18 end.
```

Dentro al blocco `begin`...end contenuto all'interno della struttura `if...then, else` le varie righe di codice sono corredate da punti e virgole: questo perché le istruzioni ivi contenute sono esclusivamente afferenti al blocco `begin`...end e *non* a tutta la condizione generata da `if...then, else`.

Da qui in poi vediamo uno delle caratteristiche più tipiche di Pascal e di Object Pascal: l'uso dei comandi `begin` ed end.
Diventa obbligatorio usarli nel momento in cui, dentro al nostro listato sorgente, debbano essere eseguite più istruzioni in maniera consecutiva all'interno di uno stesso blocco di codice. Nel caso in cui invece l'istruzione sia una sola, questa caratteristica accoppiata di comandi non si renderà necessaria.
Fate caso a questo esempio e notate la differenza di scrittura tra ciò che segue la riga 13 ed invece ciò che accade dalla 16:

```
1  program strutture_if;
2
3  {$mode objfpc}
4
5  var
```

```
  valore: integer;

begin
  WriteLn('Vediamo se indovini il numero!');
  Write('Scrivi un valore da 1 a 10: ');
  Read(valore);

  if valore <> 7 then
    WriteLn('Non sei stato fortunato!');

  if valore = 7 then
  begin
    WriteLn('Hai indovinato...');
    WriteLn('...e sei stato molto bravo.');
  end;
end.
```

Può sembrare un errore grammaticale del linguaggio tuttavia, se posso avanzare un parere, questo semplice modo di scrivere aiuta a compattare (indentando magari...) anche il flusso logico del programma. In C si userebbero le parentesi graffe ({}) ma ho sempre trovato il loro utilizzo foriero di confusione.

4.2.2 case...of

Molto spesso un'alternativa valida a `if...then, else` (sopratutto se nidificati, cioè inseriti l'uno dentro l'altro) è il comando `Case...of`.
Quest'ultimo accetta solo valori numerici come input: le stringhe non sono ammesse.
Vediamo un piccolo esempio:

```
program struttura_caseof;

{$mode objfpc}

var
  numero:integer;

begin
  Write('Dammi un numero da 1 a 100: ');
  Read(numero);
  case numero of
    1..30: WriteLn('Numero compreso tra 1 e 30');
    31..60: WriteLn('Numero compreso tra 31 e 60');
    61..100: WriteLn('Numero compreso tra 61 e 100');
  else
  WriteLn('Numero non corretto');
end;
```

```
end.
```

In altre parole il comando Case...of aumenta drasticamente la leggibilità e, nel contempo, aiuta a ridurre gli errori dovuti ad una gestione spesso cervellotica del costrutto if...then, else.

4.2.3 for...do

Altro costrutto classico della programmazione, il costrutto for...do ripete una struttura tante volte quanto indicato nella linea di comando. Può essere indicato sia utilizzando una formula crescente quanto decrescente; nel secondo caso si utilizza la dicitura for...downto...do.
Di sotto alcuni esempi decisamente semplici.

```
program cicloForCrescente;

{$mode objfpc}

var
  i: integer;
begin
  for i := 1 to 3 do
    WriteLn('Ripetizione n. ',i);
end.
```

Eseguendo queste poche righe di codice il risultato sarà questo:

Console

```
Ripetizione n. 1
Ripetizione n. 2
Ripetizione n. 3
```

Se vogliamo possiamo creare con facilità un conto alla rovescia...

```
program cicloForDecrescente;

{$mode objfpc}

var
  i:integer;
begin
  for i:=4 downto 1 do
```

```
9       WriteLn(i,'...');
10    WriteLn('BOOM!');
11  end.
```

con questo risultato[6]:

Console

```
4...
3...
2...
1...
BOOM!
```

Il costrutto `for...do` è molto utilizzato in programmazione ma in Object Pascal non è possibile indicare (come invece accade in C) lo *step*, cioè il valore per cui il contatore cresce o decresce: in altre parole si dà per scontato che tale valore sia sempre uguale ad 1, il che è leggermente limitante. Per riuscire a supplire a questa mancanza ci sono altri comandi che vedremo in seguito.
Fate caso che anche in questo listato, all'interno del ciclo `for...do` non è stato inserito un blocco begin...end
Il motivo è sempre lo stesso e cioè il fatto che l'istruzione da eseguire era una sola, quella alla riga 9. Se avessimo avuto una pluralità di comandi da eseguire allora il tutto andava inserito all'interno di una struttura begin...end.

```
program cicloFor;

{$mode objfpc}

var
  i:integer;
begin
  for i:=4 downto 1 do
  begin
    Write(i,'...');
    WriteLn('e non è scoppiata.');
  end;
  WriteLn('BOOM!');
end.
```

[6]Sono perfettamente conscio della banalità degli esempi, Tuttavia prendeteli esclusivamente per il loro valore didattico.

Il ciclo `for...do` tuttavia non risente minimamente delle regole che riguardano l'uso della virgola esposte a proposito dell'operatore `if...then, else`.

4.2.4 with...do

A questo giro devo dirvi che il comando `with...do` è una peculiarità di Object Pascal che è stata implementata anche in altri linguaggi come il JavaScript: il suo scopo è quello di farci risparmiare tempo e di maneggiare meglio i dati.
Questo comando si usa in particolare con i record e permette di modificarne i parametri interni con estrema facilità.
Vediamo un esempio:

```
program usoDiWith;

{$mode objfpc}

type
  cane=record
    nome:string;
    peloLungo:boolean;
    tipologia:string;
  end;

var
  caneMamma, caneMio:cane;

begin
  with caneMamma do
  begin
    nome:='Pippo';
    peloLungo:=TRUE;
    tipologia:='Scotch Collie';
  end;

  with caneMio do
  begin
    nome:='Ciccio';
    peloLungo:=FALSE;
    tipologia:='Barboncino Toy';
  end;

  WriteLn('Il cane di mia mamma si chiama ',caneMamma.nome);
  WriteLn('Il mio cane è un ',caneMio.tipologia);
end.
```

Il risultato sarà questo:

Console

Il cane di mia mamma si chiama Pippo
Il mio cane è un Barboncino Toy

Se non avessimo usato il comando `with...do` avremmo dovuto esplicitare ogni volta il record di riferimento con la *dot-notation*, in questo modo:

```
caneMamma.nome:='Pippo';
caneMamma.peloLungo:=TRUE;
caneMamma.tipologia:='Scotch Collie';
```

Un bel risparmio di tempo, non è vero?
Sembrerebbe di sì ma, come al solito, non è tutto oro quel che luccica.
Esiste una larga parte di sviluppatori in Object Pascal che ha in odio questo comando. Il perché è molto semplice: se in fatti da un lato la sintassi da scrivere premia la brevità, dall'altro lato può generare parecchia confusione e difficoltà di scoprire i bug all'interno di un codice sorgente.
Se prendiamo l'esempio cinofilo qui sopra, per capire bene a chi appartiene ad esempio la caratteristica...

```
peloLungo:=FALSE;
```

bisogna scorrere il risultato a ritroso per non perdersi.
Può sembrare una cosa banale nella nostra circostanza ma in listati più articolati c'è davvero il rischio di perdersi, quindi fate attenzione!
Anche in questo frangente, avendo avuto a che fare con una pluralità di variabili da modificare, siamo stati forzati ad inglobare il tutto all'interno di un blocco `begin...end`.

4.2.5 while...do e repeat...until

L'operatore `while...do` in Object Pascal è un costrutto di iterazione che esegue un blocco di istruzioni finché una condizione rimane vera. Un codice sorgente come questo...

```
program EsempioWhile;

{$mode objfpc}
```

```

var
  i: integer;
  numero: integer;
begin
  i := 1;
  while i <= 5 do
  begin
    writeln('Iterazione numero: ', i);
    i := i + 1;  // IMPORTANTE: modificare la variabile di controllo
  end;
end.
```

produrrà un risultato di questo tipo:

Console

```
Iterazione numero: 1
Iterazione numero: 2
Iterazione numero: 3
Iterazione numero: 4
Iterazione numero: 5
```

Tra le caratteristiche principali si trova il fatto che la condizione viene valutata *prima* di ogni esecuzione del blocco. Se è falsa fin dall'inizio, il blocco non viene mai eseguito
Il comando `repeat...until` è simile al precedente con una sostanziale differenza: la parte all'interno dell comando verrà eseguita *almeno una volta* dal momento che le condizioni di stop si trovano alla fine del blocco.
Un esempio:

```
program ripeti;

{$mode objfpc}

var
  i:integer=99;

begin
  repeat
    i:=i+1;
    WriteLn('La variabile "i" vale ',i);
  until i=100;
end.
```

Non so se l'avete notato ma c'è una sostanziale differenza tra `repeat...until` e gli altri comandi. L'avete vista nel listato?
Se non c'avete fatto caso ve la mostro io: questo comando *non prevede* l'uso di `begin...end` nel caso ci sia una pluralità di istruzioni al suo interno. Il motivo è presto detto: `repeat...until` nasce per gestire da subito interi blocchi di codice mentre `while...do` e `if...then, else` sono pensati per una sola istruzione alla volta.
In altri termini Le parole chiave `repeat` ed `until` fungono già da delimitatori naturali del blocco, rendendo superfluo l'uso di `begin...end`. Il compilatore sa esattamente dove inizia il blocco (dopo `repeat`) e dove finisce (prima di `until`)[7].
Una piccola tabella riassuntiva, che trovo importante.

Differenze tra comandi	
`while...do`	`repeat...until`
Controlla la condizione *prima*	Controlla la condizione *dopo*
Continua se la condizione è TRUE	Continua se la condizione è FALSE
Può non eseguirsi mai	Si esegue sempre almeno una volta
Richiede `begin...end` per più istruzioni	Non richiede `begin...end`

4.2.6 break e continue

In Object Pascal, `break` e `continue` sono due istruzioni di controllo del flusso utilizzate all'interno dei cicli (`for...do`, `while...do`, `repeat...until`) per modificare il comportamento normale dell'iterazione.
L'istruzione `Break` interrompe immediatamente l'esecuzione del ciclo più interno e passa il controllo alla prima istruzione dopo il ciclo.

```
program EsempioDiBreak;

{$mode objfpc}

var
  i: Integer;

begin
  for i := 1 to 10 do
  begin
```

[7]Nulla tuttavia ci impedisce di inserire all'interno di un blocco `repeat...until` un secondo blocco di tipo `begin...end` se questo aiuta a semplificarci la vita e la memorizzazione degli operatori. Il compilatore non darà alcun problema.

```
    WriteLn('Iterazione: ', i);
    if i = 5 then
      break; // Esce dal ciclo quando i = 5
    WriteLn('Continua con i = ', i);
  end;
  WriteLn('Ciclo terminato');
end.
```

Output:

Console

Iterazione: 1
Continua con i = 1
Iterazione: 2
Continua con i = 2
Iterazione: 3
Continua con i = 3
Iterazione: 4
Continua con i = 4
Iterazione: 5
Ciclo terminato

L'istruzione `continue` salta il resto del corpo del ciclo corrente e passa direttamente alla prossima iterazione.

```
program EsempioContinue;

{$mode objfpc}

var
  i: Integer;
begin
  for i := 1 to 10 do
  begin
    if i mod 2 = 0 then
      continue;  // Salta i numeri pari
    WriteLn('Numero dispari: ', i);
  end;
  WriteLn('Ciclo completato');
end.
```

Output:

Console

```
Numero dispari: 1
Numero dispari: 3
Numero dispari: 5
Numero dispari: 7
Numero dispari: 9
Ciclo completato
```

Queste istruzioni rendono il codice più efficiente e leggibile, evitando condizioni complesse e permettendo un controllo più fine del flusso di esecuzione nei cicli.

4.3 "A volte ritornano..."

Ora che abbiamo visto funzioni, procedure e blocchi condizionali, è ora di parlare di un aspetto estremamente tipico della programmazione: la *ricorsione*.
Ma di che cosa stiamo parlando esattamente?
La ricorsione è una tecnica in cui una funzione chiama sé stessa per risolvere un problema più grande suddividendolo in sottoproblemi più piccoli, fino ad arrivare a un caso base che può essere risolto direttamente.
Il più classico degli esempi, a riguardo, è il calcolo del fattoriale: si definisce fattoriale di un numero positivo n il prodotto di tutti gli interi positivi minori o uguali a n[8]. Il simbolo da adoperare è (!).

$$5! = 5 \cdot 4 \cdot 3 \cdot 2 \cdot 1$$

La cosa si può risolvere direi agevolmente con un ciclo `for...do` se vogliamo:

```
program calcoloFatt;

{$mode objfpc}

var
  a:integer=5;

function fact(p:integer):integer;

var
  i,f:integer;

begin
  f:=1;
```

[8] L'unica eccezione è il fattoriale di 0 che, per convenzione, è uguale ad 1.

```
  for i:=1 to p do
    f:=f*i;
  fact:=f;
end;

begin
  Writeln('Il fattoriale di "a" è: ',fact(a));
end.
```

Ciò produrrà il seguente output:

Console

```
Il fattoriale di "a" è: 120
```

Il tutto poteva essere risolto in altra maniera, molto più elegantemente andando a richiamare la funzione `fact` all'interno... di sé stessa!

```
program calcoloFatt;

{$mode objfpc}

var
  a:integer=5;

function fattoriale(p:integer):integer;
begin
  if p=0 then
    fattoriale:=1
  else
    fattoriale:=p*fattoriale(p-1)
end;

begin
  Writeln('Il fattoriale di "a" è: ',fattoriale(a));
end.
```

Alla console avremmo avuto il medesimo risultato, né più né meno.
Quando chiamaniamo la funzione `fattoriale`, dandogli come argomento 5, il flusso è questo:

Fattoriale(5)
$\rightarrow$ 5 $\cdot$ Fattoriale(4)

$\rightarrow 5 \cdot (4 \cdot \text{Fattoriale}(3))$
$\rightarrow 5 \cdot (4 \cdot (3 \cdot \text{Fattoriale}(2)))$
$\rightarrow 5 \cdot (4 \cdot (3 \cdot (2 \cdot \text{Fattoriale}(1))))$
$\rightarrow 5 \cdot (4 \cdot (3 \cdot (2 \cdot (1 \cdot \text{Fattoriale}(0)))))$
$\rightarrow 5 \cdot 4 \cdot 3 \cdot 2 \cdot 1 \cdot 1 = 120$

Ogni chiamata rimane "in sospeso" fino a quando non si arriva al caso base in cui a sia uguale a zero. Poi i risultati si propagano all'indietro.

È fondamentale che in ogni funzione ricorsiva ci sia almeno un caso, un'eventualità tale per cui il procedimento si fermi, altrimenti si propaga all'infinito. Nel nostro esempio essa è rappresentata da:

```
if p=0 then
  fattoriale:=1
```

Ogni volta che noi invochiamo una funzione ricorsiva andiamo ad aggiungere dati nello *stack*. Cos'è lo *stack*?
Si tratta di una struttura dati fondamentale in informatica che funziona secondo il principio LIFO ("*Last In, First Out*"), cioè "*l'ultimo che entra è il primo che esce*". Se dovessi paragonarlo a qualcosa immaginerei una pila di piatti in cui posso prendere solo la stoviglia in cima alla pila e dove il primo piatto messo sarà l'ultimo ad essere prelevato.
Nel contesto dei linguaggi come Object Pascal, lo stack è usato automaticamente dal compilatore per:

- Memorizzare le chiamate di funzione/procedura
- Conservare variabili locali
- Tenere traccia del punto di ritorno quando una funzione finisce

Se una funzione continua a chiamarsi (es. ricorsione senza caso base), lo stack può esaurirsi, provocando un "stack overflow" (cioè: abbiamo esaurito lo spazio riservato alle chiamate). È come impilare piatti all'infinito: prima o poi, crolla tutto!
Volete testarlo? Ricopiate questo listato e premente al solito **F9**: vedrete solo una sequenza di chiamate a Terminale ma presto o tardi il programma genererà un errore. Avete riempito lo stack e siete andati in overflow.

```
program StackOverflowVeloce;

{$mode objfpc}

procedure Boom(i: Integer);
```

```
var
  buffer: array[1..10000] of Integer;  // variabile
    ↪ molto grande

begin
  buffer[1] := i;
  WriteLn('Chiamata n. ', i);
  Boom(i + 1);  // chiamata ricorsiva senza fine
end;

begin
  Boom(1);
end.
```

4.3.1 Un gioco strano

La ricorsione può sembrare un concetto forse astruso, quasi staccato dalla vita reale ma è presente in moltissimi aspetti della nostra quotidianità, persino negli aspetti ludici. Il più famoso esempio di ricorsione nei giochi è la cosiddetta "Torre di Hanoi".

Difficile che non lo conosciate ma, nel caso, ecco come funziona: su un tavolo da gioco si presentano tre paletti e su uno di essi è montata una pila di sei dischi forati nel centro di dimensioni decrescenti. L'obiettivo è spostare l'intera pila di dischi da un paletto all'altro, seguendo alcune regole:

- si può spostare un solo disco alla volta
- un disco più grande non può essere posizionato su uno più piccolo

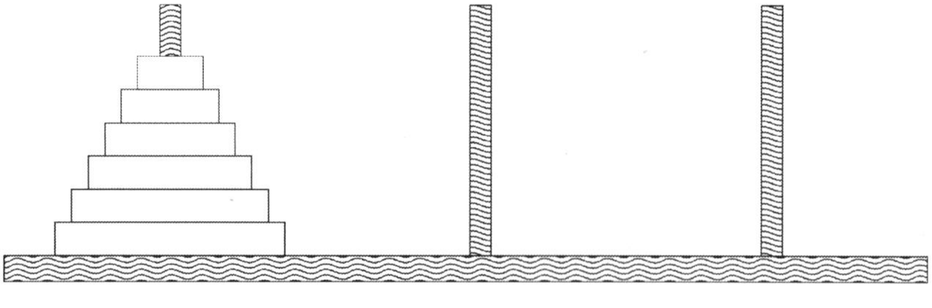

Situazione iniziale

La logica da seguire sarà la seguente:

1. spostare ricorsivamente gli $n-1$ dischi nel paletto temporaneo
2. spostare il disco rimanente nel paletto di destinazione
3. spostare di nuovo ricorsivamente gli $n-1$ dischi nel paletto di destinazione

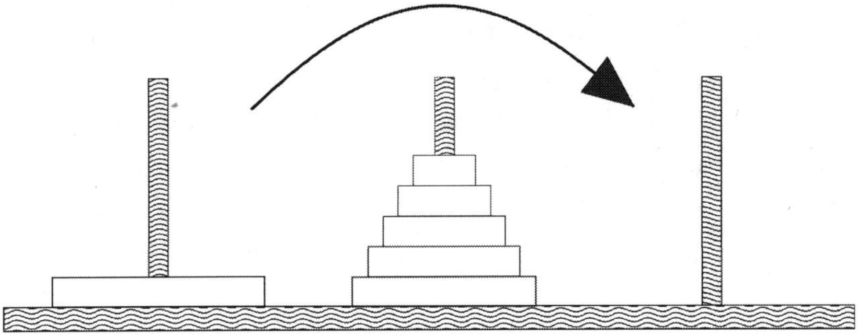

Situazione al punto 2

Ecco come si presenta il nostro codice sorgente:

```
program TorreDiHanoi;

{$mode objfpc}

var
  totaleLinee: Integer = 0;

procedure Hanoi(n: Integer; sorgente, destinazione, ausilio: Char);
begin
  if n = 1 then
  begin
    totaleLinee := totaleLinee + 1;
    WriteLn(totaleLinee, ': Sposta il disco 1 dal piolo ', sorgente, ' al piolo ', destinazione);
    Exit;
  end;
  Hanoi(n - 1, sorgente, ausilio, destinazione);
  totaleLinee := totaleLinee + 1;
  WriteLn(totaleLinee, ': Sposta il disco ', n, ' dal piolo ', sorgente, ' al piolo ', destinazione);
  Hanoi(n - 1, ausilio, destinazione, sorgente);
end;

begin
  WriteLn('Soluzione per la Torre di Hanoi con 6 dischi: ');
  WriteLn;
  Hanoi(6, 'A', 'C', 'B');
end.
```

Console

```
Soluzione per la Torre di Hanoi con 6 dischi:

1: Sposta il disco 1 dal piolo A al piolo B
2: Sposta il disco 2 dal piolo A al piolo C
3: Sposta il disco 1 dal piolo B al piolo C
4: Sposta il disco 3 dal piolo A al piolo B
...
```

Ci sono vantaggi e svantaggi nell'usare la ricorsione:

Vantaggio	Descrizione
Chiarezza	Il codice è più leggibile e concettualmente più semplice
Eleganza	Molti algoritmi (come Merge Sort o Quick Sort) si esprimono in modo pulito e compatto con la ricorsione
Divide et Impera	La ricorsione è perfetta per strategie che dividono il problema in sottoproblemi (es. ricerca binaria, ordinamenti efficienti).

Svantaggio	Descrizione
Rischio di overflow	Se non c'è un caso base, o se il numero di chiamate è troppo alto, il programma può crashare per esaurimento dello stack.
Meno efficiente in certi casi	A volte un algoritmo ricorsivo può ripetere gli stessi calcoli più volte (es. Fibonacci), mentre la versione iterativa è più veloce.

5 Una questione di. . . classe!

5.1 Vecchie fuori, giovani dentro!

Veniamo ora ad illustrare quello che è sicuramente la differenza più grande tra il Pascal dei primordi, quello di Wirth, ed il più moderno Object Pascal: le classi.

Le classi, come concetto della programmazione orientata agli oggetti (OOP), hanno una storia ben definita e affondano le radici in ricerche accademiche addirittura degli anni '60.
Il primo linguaggio a far uso dei termini "classe" ed "oggetto" è il Simula 67, sviluppato da Ole-Johan Dahl e Kristen Nygaard presso il Norwegian Computing Center. Questo linguaggio nacque come estensione di ALGOL 60 per supportare la simulazione di sistemi complessi, da cui il nome "Simula". L'idea era di poter modellare entità del mondo reale come oggetti software con proprietà e comportamenti specifici. Vengono introdotti nel mondo per la prima volta i concetti fondamentali della programmazione orientata agli oggetti:

- Classi come modello per la creazione di oggetti
- Incapsulamento di dati e procedure
- Ereditarietà tra classi
- Polimorfismo attraverso metodi virtuali

La storia continua negli anni '70 con lo Smalltalk, sviluppato allo Xerox PARC da Alan Kay[1], Dan Ingalls, Ted Kaehler, Adele Goldberg ed altri.
Il cambio di paradigma però più importante si ebbe nel 1985 con il C++, estensione del linguaggio C con l'aggiunta della programmazione orientata agli oggetti; la creatura di Stroustrup rese la OOP un termine di paragone imprescindibile per i

[1]Alan Kay è accreditato di aver coniato il termine "*object-oriented programming*"

linguaggi a venire, aiutato dalla precedente ed enorme diffusione del C.
Per quel che ci riguarda la prima versione di Object Pascal risale al 1986 ma è nel 1989 con Turbo Pascal di Borland che la sua diffusione arriva al grande pubblico.

Le classi hanno quindi una storia che affonda le radici addirittura a quasi 60 anni fa ma è a partire dagli anni '90 che il loro utilizzo diventa di dominio pubblico; difatti tutti gli altri linguaggi creati durante quella decade (Java, Ruby, Python) supportano la programmazione orientata agli oggetti.
È interessante notare che quello che oggi consideriamo un paradigma fondamentale della programmazione ha origine da un'esigenza molto specifica: simulare sistemi complessi in modo più naturale e organizzato.

5.2 Ma che cos'è una classe?

Una classe in Object Pascal è un tipo di dato definito dall'utente che descrive una struttura composta da campi (dati) e metodi (funzioni e procedure). Ad un primo (e primitivo) sguardo può ricordare la forma di un `record` ma è molto, molto di più.
Possiamo immaginare la classe come una sorta di progetto dal quale scaturisce un qualcosa di più concreto e tangibile, quasi "fisico" se mi si passa il termine: non a caso si parla di questo stadio come di un *oggetto*.

Dalla classe all'oggetto, dalla teoria alla pratica

Il processo di trasformazione da una classe al suo oggetto vero e proprio prende il nome di "*istanziazione*". Vediamo l'implementazione più semplice di una classe:

```
program primaClasse;

{$mode objfpc}

type
  TPersona = class
    Nome: string;
    Cognome: string;
    procedure Saluta;
  end;

procedure TPersona.Saluta;
begin
  WriteLn('Ciao, mi chiamo ', Nome, ' ', Cognome);
end;

var
  io:TPersona;

begin
  io:=TPersona.Create;
  io.Nome:='Riccardo';
  io.Cognome:='Santato';
  io.Saluta();
  io.Free();
end.
```

Console

Ciao, mi chiamo Riccardo Santato

Come ho detto prima una classe può ricordare un `record`: d'altra parte è costituita da variabili in essa contenute, che possono essere di diversi tipi. In questo caso ho scelto semplicemente due stringhe.

Tuttavia, a differenza di un `record`, essa implementa una procedura, tipica di quella classe: `TPersona.Saluta`. Ogni classe, per poter essere utilizzata, deve necessariamente venire *istanziata*, cioè si deve allocare in memoria lo spazio necessario al suo funzionamento; questo ci fa capire che, in fin dei conti, abbiamo a che fare con un puntatore. Per dirla meglio, le classi sono *reference types*, puntatori impliciti ad oggetti[2]. L'uso di `Create` è fondamentale per poter trasformare la classe in un oggetto, il progetto della tazzina di caffè in una stoviglia vera e tangibile[3]. Se provassimo ad accedere ad `io.Nome` prima di `io:=TPersona.Create` otterremmo una *access violation*, perché stiamo dereferenziando un puntatore non inizializzato. Per poter vedere questo errore basta commentare la riga 19 in questa maniera:

```
19    //io:=TPersona.Create;
```

Vogliamo renderci conto del fatto che...

```
16    io:TPersona;
```

...è veramente un puntatore? Basta correggere la fine del listato come segue:

```
22 io.Saluta();
23 WriteLn(SizeOf(io));
24 io.Free();
```

Alla console mi appare questo:

Console

Ciao, mi chiamo Riccardo Santato
8

Nel mio caso, visto che sto lavorando su di una macchina con architettura a 64 bit, i byte necessari per un puntatore sono, per l'appunto, 8: se invece stessi lavorando su una macchina a 32 bit, il risultato sarebbe stato 4. In entrambi i casi si tratta della grandezza di un puntatore![4]
Successivamente andiamo a popolare i valori per `Nome` e `Cognome`, con la *dot-*

[2]Vedete come Object Pascal tenda sempre a nascondere i puntatori se non sono strettamente necessari.

[3]Per dividere, a livello di codice sorgente, una classe dal suo oggetto istanziato è buona norma far precedere il nome della classe dalla lettera "T" (`TPersona` ad esempio). Non si tratta certo di un obbligo ma è la consuetudine applicata da migliaia di programmatori in tutto il mondo con questo linguaggio. La lettera "T" sta per "tipo", quindi il genere di dato, se vogliamo, e non la sua istanza.

[4]Questa è una differenza importante rispetto ai `record` in Object Pascal, che sono allocati direttamente in memoria e non richiedono l'uso di `Create` e `Free`.

notation che abbiamo già potuto imparare nel capitolo 3.[5]
Alla fine, dopo aver compiuto le nostre operazioni, dobbiamo necessariamente liberare la memoria per il tramite dell'istruzione `Free`: Object Pascal, infatti, non dispone di un *garbage collector*.

E cos'è questa nuova diavoleria?
Il *garbage collector* (GC) è un sistema automatico di gestione della memoria che si occupa di identificare e liberare automaticamente la spazio in RAM non più utilizzata dal programma, eliminando la necessità per il programmatore di deallocare esplicitamente gli oggetti. Esso monitora continuamente gli oggetti in memoria e determina quali sono ancora "raggiungibili" dal programma (attraverso variabili, puntatori, riferimenti). Gli oggetti non più raggiungibili vengono automaticamente eliminati, liberando la memoria.
Linguaggi che utilizzano il *garbage collector* sono ad esempio Java, C#, Python, Go, Ruby; quelli che invece non lo usano sono il C, il C++ e l'Object Pascal dove l'allocazione le la deallocazione di memoria sono a totale appannaggio del programmatore.
Sebbene possa sembrare un punto a sfavore di questo nostro linguaggio, personalmente trovo più utile l'assenza di un *garbage collector* piuttosto che la sua presenza; il primo motivo è che, a livello didattico, bisogna imparare a liberare le risorse precedentemente adoperate in completa autonomia, senza aspettare che qualcuno lo faccia per noi.
È la stessa manfrina che ci ripetevano sempre i nostri genitori: "quando hai finito di giocare con i mattoncini colorati mettili via che altrimenti, se ti capitano sotto il piede, te ne ricorderai!".
Il secondo motivo è che prendere l'abitudine di liberare gli oggetti allocati riduce drasticamente il rischio di falle di sicurezza nel nostro codice: se scordiamo di liberare un oggetto che contiene dati personali o segreti (es. password, chiavi), questi rimangono in memoria indefinitamente, anche se non più accessibili dal nostro codice. Ciò può facilmente avvenire anche se il programma è stato chiuso o ha subito un crash![6] Per rendere il nostro codice precedente ancora più sicuro avremmo dovuto aggiungere, dopo `io.Free()`, l'istruzione `io:=Nil` che azzererà completamente il puntatore.[7]

Nel campo della programmazione orientata agli oggetti le procedure e le funzioni interne ad una classe vengono definiti *metodi*.
Pur mantenendo le stesse logiche espresse nel capitolo 4, le funzioni e procedure dichiarate dentro una classe prendono questo nome perché sono caratteristiche associate ad un oggetto (cioè ad una istanza di classe) e agiscono sullo stato interno di quell'oggetto stesso. Qualche differenza:

[5] Potevamo anche utilizzare il comando `with...do`.

[6] Qui verrà estremamente utile l'uso delle eccezioni che vedremo in un capitolo successivo.

[7] Se utilizziamo la unit `SysUtils` troveremo la procedura `FreeAndNil(obj)` che elimina l'oggetto e ne azzera il puntatore. Molto comoda in termini di sicurezza.

- La funzione (o procedura) sta fuori da una classe, il metodo sta dentro
- La funzione (o procedura) è globale, il metodo locale alla classe
- La funzione (o procedura) non ha contesto interno, il metodo accede al campo `self`

Il termine "*method*" nasce con Simula 67 ed è stato ereditato poi da Smalltalk, C++, Java e Object Pascal.

5.3 "Conan il... costruttore?!?"

Come abbiamo visto, senza un `Create` l'intero utilizzo di una classe non può avvenire. L'istruzione `Create` non è un metodo come tutti gli altri ma si tratta di un costruttore (*constructor*): esso permette infatti non solo di allocare la memoria necessaria al funzionamento della classe ma anche, se vogliamo di popolare le variabili contenute all'interno della classe stessa.
`Create` è il costruttore standard di Object Pascal e si trova nella classe madre-di-tutte-le-classi che potremo mai utilizzare: `TObject`.

Questo è un oggetto fondamentale, è la classe radice di tutta la gerarchia delle classi e ci aiuta ad introdurre il concetto di ereditarietà.
Ogni classe che viene dichiarata in Object Pascal eredita direttamente o indirettamente da `TObject`. Ne consegue che scrivere...

```
type
  TPersona = class
    Nome: string;
  end;
```

...è esattamente la stessa cosa di...

```
type
TPersona = class(TObject)
Nome: string;
end;
```

Come un genitore trasmette i suoi geni ai propri figli, anche `TObject` fornisce alcuni metodi fondamentali, comuni a tutte le classi. Vediamone alcuni:

Comando	Descrizione
`Create`	Costruttore base
`Free`	Deallocazione dell'oggetto
`Destroy`	Distruttore
`ClassName`	Restituisce il nome della classe come stringa
`ClassType`	Restituisce il tipo della classe a run-time
`Equals`	Confronta due oggetti
`ToString`	Rappresentazione testuale
`InheritsFrom`	Verifica l'ereditarietà a run-time

Tuttavia, da bravi figli disgraziati, capita, a volte, che le regole vogliamo crearcele noi, che desideriamo vivere secondo il nostro stile e le nostre inclinazioni!
Essendo i linguaggi una prodotto dell'essere umano, vi pare non si sia pensato pure a questo particolare? Certo che sì!
Possiamo definire un nostro *constructor*, indicando però che cosa debba fare:

```
program primaClasse;

{$mode objfpc}

type
  TPersona = class
    Nome: string;
    Cognome: string;
    procedure Saluta;
    constructor Create;
  end;

procedure TPersona.Saluta;
begin
  WriteLn('Ciao, mi chiamo ', Nome, ' ', Cognome);
end;

constructor TPersona.Create;
begin
  inherited Create;
  Nome := 'Pinco';
  Cognome := 'Pallino';
end;

var
  io: TPersona;

```

```
begin
  io := TPersona.Create;
  WriteLn('Ciao, mi chiamo ', io.Nome, ' ', io.Cognome);
  WriteLn('Adesso cambio i valori di nome e cognome');
  io.Nome := 'Riccardo';
  io.Cognome := 'Santato';
  io.Saluta;
  io.Free;
end.
```

Alla console ci ritroveremo con:

Console

```
Ciao, mi chiamo Pinco Pallino
Adesso cambio i valori di nome e cognome
Ciao, mi chiamo Riccardo Santato
```

Che cosa è cambiato?
Abbiamo implementato un nostro costruttore chiedendo al compilatore di compiere le sue solite azioni (`inherited Create:`) aggiungendo però di nostro l'inizializzazione delle variabili contenute nella classe `io`.

Vediamo, con calma e tranquillità, questo concetto dell'ereditarietà tra classi Se è vero che una classe qualsiasi, concettualmente, è direttamente figlia, volente o nolente, di `TObject`, è pur vero che anche le nostre classi possono avere una forma di discendenza. Come in questo esempio:

```
program cagnetto;

{$mode objfpc}

type
  TAnimale = class
    procedure muoviti;
  end;

  TCane = class(TAnimale)
    procedure balla();
  end;

procedure TAnimale.muoviti;
begin
  WriteLn('Mi sto muovendo.');
end;

```

```
19 procedure TCane.balla();
20 begin
21   WriteLn('Sono Snoopy e sto ballando!');
22 end;
23
24 var
25   Snoopy:TCane;
26
27 begin
28   Snoopy:=TCane.Create;
29   Snoopy.muoviti;
30   Snoopy.balla()
31   Snoopy.Free();
32 end.
```

Console

Mi sto muovendo.
Sono Snoopy e sto ballando!

Alla riga 10 ci siamo premurati di specificare che la classe `TCane` fosse figlia di `TAnimale` con la diretta conseguenza, almeno per il momento, che i metodi implementati fossero direttamente accessibili anche dal basso verso l'alto.
In Object Pascal, i costrutti as e is sono operatori fondamentali per lavorare con l'ereditarietà ed il polimorfismo, particolarmente utili quando si ha a che fare con gerarchie di classi.

```
program cagnetto;

{$mode objfpc}

type
  TAnimale = class
  end;
  TCane = class(TAnimale)
  end;

var
  animale: TAnimale;
  cane: TCane;

begin
  cane := TCane.Create;
  animale := cane; // assegnazione polimorfica
```

```

  if animale is TCane then
    WriteLn('È un cane.')
  else
    WriteLn('Non so cosa sia.');
end.
```

L'istruzione as converte un oggetto da un tipo generale a uno specifico: ci permette di accedere ai metodi ed alle proprietà specifiche del tipo derivato e si usa quando abbiamo un oggetto generico ma siamo sicuri che sia di un tipo più specifico.
È un po' come quando si va dal dottore:

```
program Dottore;

type
  TPersona=class
    procedure MedicinaDaAdulto();
  end;

  TBambino=class(TPersona)
    procedure MedicinaDaBambino();
  end;

procedure TPersona.MedicinaDaAdulto();
begin
  WriteLn('Somministro una medicina da adulto');
end;

procedure TBambino.MedicinaDaBambino();
begin
  WriteLn('Somministro una medicina da bambino');
end;

var
  paziente:TPersona;

begin
  paziente:=TBambino.Create;
  if paziente is TBambino then
    (paziente as TBambino).MedicinaDaBambino();
  paziente.Free;
end.
```

Console

```
Somministro una medicina da bambino
```

Dopo la riga 26, se avessimo scritto qualcosa come

```
paziente.MedicinaDaBambino();
```

il compilatore avrebbe restituito un errore: il metodo `MedicinaDaBambino` era appannaggio di `TBambino` e non di `TPersona`. Con l'istruzione `as` abbiamo leggermente forzato la mano al compilatore, chiedendo di fare una sorta di atto di fede. Come dire: "so che questo oggetto, pur essendo dichiarato come classe madre, è in realtà un'istanza di una classe figlia, quindi voglio trattarlo come tale e accedere ai suoi metodi specializzati."
`As` permette di accedere ai metodi della sottoclasse, anche se l'oggetto è dichiarato come classe base.
Ma perché mai dovremmo istanziare una classe madre per poi utilizzare i metodi delle figlie? Quando questo si verifica? Semplice, quando vogliamo utilizzare le potenzialità del polimorfismo!

```
program Zoo;

{$mode objfpc}

type
  TAnimale=class
    procedure Mangia();
  end;

  TCane=class(TAnimale)
    procedure DaiBiscotto;
  end;

  TGatto=class(TAnimale)
  end;

procedure TAnimale.Mangia();
begin
  WriteLn('L''animale sta mangiando...');
end;

procedure TCane.DaiBiscotto;
begin
  WriteLn('... ma al cane arriva anche un biscotto!');
end;
```

```

procedure NutriAnimale(animale: TAnimale);
begin
  animale.Mangia; // Questo funziona per tutti

  // Ma se voglio dare un biscotto solo ai cani?
  if animale is TCane then
    (animale as TCane).DaiBiscotto; // Ecco perché serve AS
end;

var
  cane: TCane;
  gatto: TGatto;

begin
  cane := TCane.Create;
  gatto := TGatto.Create;

  NutriAnimale(gatto);    // Il cane viene "visto" come TAnimale
  NutriAnimale(cane);  // Il gatto viene "visto" come TAnimale
  cane.Free;
  gatto.Free;
end.
```

Alla console avremo il seguente output:

Console

L'animale sta mangiando...
L'animale sta mangiando...
... ma al cane arriva anche un biscotto!

5.4 Una privacy di tutto rispetto!

Una classe permette di utilizzare variabili e metodi in maniera del tutto peculiare, rendendo il tutto più o meno accessibile e permettendo di accedere ad essi con criteri differenti. Questo è il principio che in programmazione orientata agli oggetti viene definito col nome di "*incapsulamento*". Metodi e variabili all'interno di una classe possono essere, fondamentalmente, di cinque tipi:

- `public`
- `private`

- strict private
- protected
- published

Una parte del codice definita "*pubblica*" (public) è accessibile da qualunque punto del codice sorgente, senza restrizione alcuna. Se invece è definita come "*privata*" (private) essa è accessibile dalla stessa unità[8], anche da altre classi; se si vuole evitare l'accesso da altre parti pure della stessa unit si inserisce la clausola strict private. Una variabile, procedura o funzione "*protetta*" (protected) è invece una parte di codice (comunque non pubblica) a cui può accedere la classe stessa e tutte le classi da essa discendenti.
Andiamo di esempio, che forse il tutto risulta più facile...

```
program classeDaCani;

{$mode objfpc}

type
  TAnimale = class
    protected
      procedure Respira;
    public
      procedure Muoviti;
    strict private
      procedure Esisti;
end;

  TCane = class(TAnimale)
    public
      procedure Abbaia;
  end;

procedure TAnimale.Respira;
begin
  WriteLn('Sto respirando...');
  Esisti();
end;

procedure TAnimale.Muoviti;
begin
  WriteLn('Mi sto muovendo...');
end;
```

[8]Vedremo in seguito il concetto di unit; per il momento pensatela come al listato che state scrivendo.

```

procedure TAnimale.Esisti;
begin
  WriteLn('...quindi esisto!');
end;

procedure TCane.Abbaia;
begin
  Respira; // Le classi derivate accedono a protected
  WriteLn('Bau!');
end;

var
  Fido:TCane;
  Lilli:TAnimale;

begin
  Fido:=TCane.Create();
  Fido.Muoviti();
  Fido.Abbaia();
  Fido.Free();
  //Lilli:=TAnimale.Create();
  //Lilli.Esisti();
  //Lilli.Free();
end.
```

Alla console:

Console

```
Mi sto muovendo...
Sto respirando...
...quindi esisto!
Bau!
```

In questo esempio abbiamo due classi, una figlia dell'altra: `TAnimale`→`TCane`. Istanziando (con `Fido`) la classe `TCane` abbiamo accesso non solo alle procedure pubbliche `Abbaia` e `Muoviti` ma anche a quella protetta `Respira` per via del fatto che i due oggetti sono uno figlio dell'altra e condividono questa caratteristica.[9] Se fate caso ci sono un tot di righe alla fine che ho voluto escludere dal listato: provate a togliere le barre diagonali ed il compilatore darà errore.

Perché?

Perché il metodo `Esisti` è accessibile solo all'interno della stessa classe in cui è

[9] `Respira` è infatti dichiarato come metodo `protected`.

definito, essendo stato caratterizzato come `strict private`. In altre parole non può essere chiamato...

- ...dall'esterno della classe
- ...da classi derivate
- ...da altre unità

Difatti, quand'è che `Esisti` entra in scena? Solo all'interno di un metodo relativo alla classe che lo contiene: si trova dentro `TAnimale.Respira`. Se avessi anche provato, per via di ereditarietà, ad inserirlo dentro `TCane.Abbaia` in questa maniera...

```
procedure TCane.Abbaia;
begin
  Respira;
  WriteLn('Bau!');
  Esisti;
end;
```

...FPC avrebbe restituito un messaggio di errore: `strict private` ha blindato il metodo! Avevamo una speranza di utilizzarlo all'interno della stessa `unit` solo se l'avessimo definito come semplice `private`.
L'incapsulamento dei dati e dei metodi può sembrare, ad una prima lettura, un dettaglio di poco conto ma è fondamentale nella OOP; esso ci permette, sostanzialmente, di dare un livello gerarchico differente ad altrettanto differenti caratteristiche del nostro codice. Questo sistema è utile perché...

- come programmatori ci permette di concentrarci sulle variabili e metodi più importanti e soggetti a modifiche, senza intaccare parametri vitali per la nostra classe
- se lavoriamo con altri programmatori, i modificatori di accesso sono un "contratto" che dice "non usare questi campi direttamente"
- quando utilizziamo librerie di terze parti (come quelle di sistema), non abbiamo accesso al codice sorgente, quindi `private` ci impedirebbe di accedere a cose che non dovremmo

Una piccola tabella riassuntiva:

Visibilità	**Accessibile da...**	**Caratteristica**
`public`	Ovunque	Massima libertà
`protected`	Classi madri e figlie	Ereditarietà
`private`	Solo nella stessa `unit`	Protezione
`strict private`	Solo nella stessa classe	Protezione totale

Ci manca solo un tipo per terminare la disamina: `published`.
Ma per fare questo, abbiamo bisogno di introdurre prima l'istruzione `property`.

5.5 Proprietà particolari

In Object Pascal una `property` è una forma elegante di accedere a campi privati o protetti di una classe, come se fossero variabili pubbliche, ma passando per metodi di lettura e scrittura (generalmente denominati *getter* e *setter*). In pratica, esse forniscono un'interfaccia "pulita" per accedere e modificare lo stato interno di un oggetto, alla stregua di un ponte tra il mondo "esterno" e i dati interni di una classe.
Le `property` esistono in molti linguaggi moderni: C#, Python, JavaScript, Kotlin e Swift. Object Pascal (tramite l'ambiente di sviluppo Delphi) è stato però uno dei primi linguaggi *mainstream* ad implementare questo concetto in modo così nitido ed integrato, influenzando il design di linguaggi successivi come C#.
Vediamo un esempio molto semplice:

```
program esempioProperty;

{$mode objfpc}

type
  TPersona = class
    strict private
      FNome: string;
    public
      property Nome: string read FNome write FNome;
  end;


var
  p: TPersona;

begin
  p := TPersona.Create;
  p.Nome := 'Marco'; // chiama SetNome
  WriteLn(p.Nome); // chiama GetNome
  Write
  p.Free;
end.
```

Partiamo col dire che la stringa `FNome` è di tipo *strettamente privato* (`strict private`), quindi accessibile all'interno della stessa classe, nemmeno della medesima unità (`unit`).

Ma se ho l'esigenza di andare a modificare, *per forza*, questo dato come faccio? Ecco che in soccorso arriva la `property`, sorta di grimaldello digitale che associa ad una variabile pubblica anche un altro tipo di variabile oppure una funzione di lettura e/o una di scrittura.
Quando nel codice andiamo a scrivere, alla riga 17...

```
17  p.Nome:='Marco';
```

...noi stiamo accedendo, per tramite della variabile `Nome` a `FNome`, cui non avremmo potuto accedere tranquillamente all'interno del nostro codice principale. È chiaro che l'esempio apportato è leggermente triviale e, volendo essere precisi, anche un po' pericoloso: non stiamo, d'altro canto, facendo alcun controllo sui dati in ingresso. Per esempio, avremmo potuto modificare il listato in questa maniera, rendendo molto più sicuro il codice:

```
program esempioProperty;

{$mode objfpc}

type
  TPersona = class
    strict private
      FNome: string;
      procedure scriviNome(const Value:string);
    public
      property Nome:string read FNome write scriviNome;
    end;

procedure TPersona.scriviNome(const Value:string);
begin
  if Value='' then
    WriteLn('TPersona.scriviNome: non cambio la
        ↪ variabile perché vuota')
  else
    FNome:=Value;
end;

var
  p: TPersona;

begin
  p := TPersona.Create;
  p.Nome := 'Marco'; // chiama SetNome
  WriteLn('Il nome è: ',p.Nome); // chiama GetNome
  WriteLn('Ora setto il nome come vuoto e vediamo che
```

```
    ↪ succede...');
  p.Nome:='';
  WriteLn('Il nome è (ancora): ',p.Nome); // chiama (di
    ↪ nuovo) GetNome
  p.Free;
end.
```

Alla console ritroveremo:

Console

Il nome è: Marco
Ora setto il nome come vuoto e vediamo che succede...
TPersona.scriviNome: non cambio la variabile perché vuota
Il nome è (ancora): Marco

Qualcuno potrebbe, peraltro giustamente, obiettare che le `property` siano uno spreco di tempo. La risposta a quest'obiezione è: sì e no.
Se si ha una classe semplice come questa,

```
type
  TPoint = class
    X, Y: Integer;
  end;
```

trasformarla in

```
property X: Integer read FX write FX;
property Y: Integer read FY write FY;
```

è davvero una perdita di tempo e aggiunge complessità senza benefici.
Tuttavia esse diventano importanti quando dobbiamo validare i dati in ingresso (per impedire valori inammissibili) oppure per avere la libertà di cambiare l'implementazione interna senza modificare l'interfaccia pubblica.
Oggi:

```
property CF: Integer read codiceFiscale;
```

Domani:

```
property CF: Integer read calcolaCodiceFiscale;
```

La `property` resta uguale per chi la usa, ma noi possiamo cambiare la logica dietro l'utilizzo della variabile `CF`: da semplice campo da copiare a dato da elaborare; tutto questo senza sfasciare la classe d'origine.
In sostanza, le property sono uno strumento per gestire il cambiamento nel tempo. Se il codice è stabile e semplice, possono essere davvero superflue. Ma in progetti grandi e destinati ad evolvere in futuro, quella "perdita di tempo" iniziale spesso si ripaga prevenendo modifiche massicce un domani.
In un caso tuttavia, le `property` sono fondamentali: con la visibilità `published`

5.6 Il sistema RTTI

Avevamo lasciato indietro l'aspetto di visibilità detto `published`.
In Object Pascal la parola chiave `published` è una visibilità speciale che serve a rendere note proprietà e metodi al sistema RTTI (Run-Time Type Information), ovvero accessibili anche a tempo di esecuzione, per esempio da un Object Inspector o tramite codice che usa RTTI.
Con meno giri di parole, usiamo `published` per dire: "Questa proprietà può essere vista a tempo di esecuzione, anche dal programma stesso."
Un esempio pratico è costituito da tutti i componenti visivi che possiamo inserire dentro alle nostre finestre dentro a Lazarus. Chiaramente questa trattazione esula dal puro discorso di Object Pascal[10] ma voglio comunque dedicarci qualche riga per completezza.
Apriamo il nostro Lazarus, andiamo su **File** → **Chiudi pagina** (oppure premiamo semplicemente **Ctrl + F4**). Adesso posizioniamoci nel menu **File** → **Nuovo...**: sia aprirà una finestra da cui sceglieremo **Progetto** → **Applicazione**. Si aprirà, oltre al consueto editor, anche una finestra di questo genere:

[10]Rimando per questo alla manualistica di Lazarus in particolare oppure ai completissimi manuali di Marco Cantù.

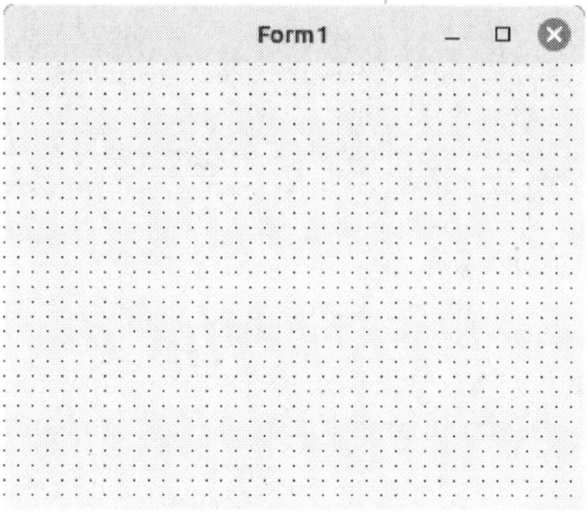

La finestra base di Lazarus

Ora premiamo il tasto **F11**. Si aprirà l'ispettore degli oggetti, tramite il quale possiamo modificare molte caratteristiche della nostra piccola finestra: cambiarne il nome, le dimensioni, la visibilità, la presenza o meno delle icone per chiudere, minimizzare e massimizzare, etc.
Bene, tutte queste sono `property`[11] di tipo `published`, cioè le loro modifiche sono visibili anche in tempo reale e non necessariamente per tramite di compilazione.
Sono variabili e metodi decisamente particolari, che difficilmente si incontrano per strada a meno di non richiedere la costruzione di elementi particolari, come componenti di interfacce grafiche o cose di questa natura.

5.7 Una questione di metodo

Abbiamo visto nel capitolo 4 che una determinata funzione (o procedura) può avere un caratteristico *modificatore*: `overload`, che le permette di presentarsi in più modi, con richieste differenti tra i dati di input, a parità di nome.
Tuttavia esso non è l'unico modificatore di metodo che possiamo trovare, ce ne sono molti altri. Vediamoli con ordine. Il primo a presentarsi è `virtual`[12]: esso segnala che un metodo può essere ridefinito nelle classi derivate, per il tramite dell'istruzione `override`. Funziona pressapoco così: `virtual` funge da "promessa" che il metodo potrà essere ridefinito, mentre `override` è l'atto di ridefinirlo. Vediamo il tutto con un esempio semplice:

[11] Mica a caso c'è scritto proprio nell'ispettore degli oggetti che quelle sono "proprietà".

[12] Potremmo usare anche `dynamic` che segue le stesse regole di `virtual`. È meno esoso in termini di memoria ma anche un po' più lento. Tuttavia, con la velocità dei moderni processori, dubito che qualcuno se ne accorga. . .

```
program virtualOverride;

{$mode objfpc}

type
  TAnimal = class
    public
      procedure FaiUnVerso; virtual; // Metodo virtual
  end;

  TCane = class(TAnimal) // Classe figlia di TAnimal
    public
      procedure FaiUnVerso; override; // Metodo in
          ↪ override
  end;

procedure TAnimal.FaiUnVerso;
begin
  WriteLn('Miaoo');
end;

procedure TCane.FaiunVerso();
begin
  WriteLn('Bau!');
end;

var
  Fuffi:TCane;
  GattoMatto:TAnimal;

begin
  Fuffi:=TCane.Create;
  GattoMatto:=TAnimal.Create;
  GattoMatto.FaiUnVerso; // Leggo il metodo virtual
  fuffi.FaiUnVerso; // Leggo il metodo in override
  Fuffi.free;
  GattoMatto.free;
end.
```

Alla console:

Console

Miaoo
Bau!

Era importante specificare che:

1. TAnimal.FaiUnVerso fosse virtualizzata
2. TCane fosse classe figlia di TAnimal ma che comunque...
3. ...TCane.FaiUnVerso eseguisse l'override del metodo madre

Se avessi tolto il parametro `override` dalla riga 11 avrei ottenuto lo stesso risultato?
Curiosamente sì ma c'è un'importante differenza di fondo: `TCane.FaiUnVerso` non sarebbe stata la *sovrascrittura* di un metodo già presente nella classe madre ma solo una procedura *del tutto nuova* con un nome identico a quello della classe madre! Comprendo che la differenza sia sottile ma è importantissimo capirla e farla nostra.
Una classe che presenta un metodo di tipo `virtual` può anche avere il modificatore `abstract`; come è facilmente intuibile, qui stiamo andando nel piano dell'immaginazione più pura. Un metodo contrassegnato come `abstract` non è implementato nella sua classe base ma **deve** esserlo nelle classi figlie. Per esempio:

```
type
  TFigura = class
    procedure Disegna; virtual; abstract;
  end;

  TQuadrato = class(TFigura)
    procedure Disegna; override;
  end;

procedure TQuadrato.Disegna;
begin
  WriteLn('Disegno un quadrato');
end;
```

Nel listato non è stata scritta alcuna riga di codice per `TFigura.Disegna` e non è necessario introdurla: è sufficiente che ci sia almeno una classe figlia che implementi tale metodo. Se al posto di `abstract` avessi posto l'opzione `final` non ci sarebbero più stati possibili `override` del metodo in oggetto.

```
type
  TAereo = class
    procedure Decolla; virtual; final;
  end;
```

Altro modificatore è `class`: quest'istruzione permette che una funzione venga chiamata direttamente dalla classe e non dalla sua istanza. Vi ricordate il disegno col progetto della tazzina e la tazzina stessa, fisica, concretamente tangibile? Beh, in questo caso è un po' come se poteste bere il caffè... direttamente dal progetto!

```
program ClassProcedure;

{$mode objfpc}

type
  TUtils = class
    public
      class procedure FaiQualcosa();
  end;

class procedure TUtils.FaiQualcosa;
begin
  WriteLn('Un po'' strano, vero?!?');
end;

begin
  TUtils.FaiQUalcosa;
end
```

Console

Un po' strano, vero?!?

Visto? In un contesto normale avremmo dovuto creare una variabile (ad esempio `miaClasse`) di tipo `TUtils`, istanziarla con `miaClasse:=TUtils.Create` e successivamente chiamare `miaClasse.FaiQualcosa`.
Niente di tutto questo, solo una chiamata al progetto della classe. Punto.
Ultimo modificatore che intendo trattare è `destructor`, che è parte integrante di quella mancanza di *garbage collector* di cui parlavo sopra.
In Object Pascal, un `destructor` è un metodo speciale che viene chiamato automaticamente quando un oggetto viene distrutto, cioè quando viene liberata la memoria associata a quell'istanza. Il suo scopo principale è rilasciare risorse che l'oggetto ha eventualmente acquisito durante la sua vita (memoria, file, connessioni, figli, ecc.).
La sintassi di un `destructor` prevede obbligatoriamente un `override`

```
destructor Destroy; override;
```

È *necessario* apporre il modificatore override[13], il quale indica che il destructor ridefinisce quello ereditato da TObject, la classe base di tutti gli oggetti in Object Pascal.

```
program distruggiTutto;

{$mode objfpc}

type
  TPalazzo = class
    public
      destructor Destroy; override;
  end;

destructor TPalazzo.Destroy;
begin
  WriteLn('Mi libero di tutte gli oggetti e variabili');
  inherited Destroy;
end;

var
  miaClasse:TPalazzo;

begin
  miaClasse:=TPalazzo.Create();
  miaClasse.Free();
end.
```

Buone pratiche sono:

- chiamare sempre inherited Destroy all'interno del destructor per mantenere la catena di distruzione
- usare Free anziché Destroy per distruggere oggetti: Free controlla automaticamente se l'oggetto è nil prima di chiamare Destroy.

I destructor sono essenziali per prevenire perdite o fuoriuscite di memoria e garantire una corretta gestione delle risorse nell'applicazione ma non vanno *mai* chiamati direttamente: si deve sempre utilizzare il metodo Free.
Una tabella riassuntiva, vi va?

[13]All'interno della classe madre TObject, il metodo Destroy è dichiarato come virtual. Anche se è tecnicamente possibile usare altri nomi, è convenzione fortemente raccomandata usare Destroy.

Comando	Descrizione
virtual	Definisce un metodo sovrascrivibile
override	Sovrascrive metodo virtual
dynamic	Come virtual, ma meno costoso in memoria
abstract	Metodo senza corpo, obbliga override
final	Impedisce ulteriori override
overload	Permette nomi identici con firme diverse
class	Metodo chiamabile senza istanza
static	Metodo di classe senza accesso al tipo
constructor	Crea istanze
destructor	Distrugge istanze

5.8 Vedo doppio!

È venuto finalmente il momento di definire cosa sia una unit ma prima di poterlo fare sorge la necessità di spiegare il costrutto interface ed il doppio valore che esso ha; questo comando assume, infatti, due significati completamente diversi a seconda se stiamo parlando di esso all'interno della programmazione orientata agli oggetti[14] oppure dell'organizzazione di un progetto complesso in Object Pascal (unit).

Se consideriamo l'istruzione interface nel primo caso bisogna dire che essa rappresenta un tipo di classe astratta pura, cioè un costrutto che definisce solo le firme dei metodi, senza implementazione. È un contratto che definisce un insieme di metodi che una classe deve implementare, senza fornire l'implementazione stessa. È simile al concetto di interfaccia in altri linguaggi come Java o C#[15]. Si accompagna, solitamente, ad un GUID[16] che è una sorta di numero identificativo unico e particolare: esso non è obbligatorio ma fortemente consigliato.[17].
Vediamo l'esempio di un'interfaccia all'opera:

```
program EsempioInterfacciaOOP;

```

[14]Ricordo che l'abbreviazione è sempre OOP, acronimo dall'inglese "Object Oriented Programming"

[15]Non dimentichiamo che il creatore di C# è Anders Hejlsberg, l'ingegnere informatico danese che creò il famoso pacchetto "Turbo Pascal" di cui ho parlato nel primo capitolo.

[16]acronimo per "*Globally Unique Identifier*.

[17]Se si vuole creare e/o utilizzare un oggetto COM sotto l'architettura Windows allora il GUID diventa obbligatorio.

```
{$mode objfpc}

uses
  SysUtils;

type
  ISalutabile = interface
    ['{A85E8A8B-1A31-43D4-BB41-5AF5BE0C4F88}']  // GUID
       ↪ opzionale ma consigliato
    procedure Saluta;
  end;

  TPersona = class(TInterfacedObject, ISalutabile)
  private
    FNome: string;
  public
    constructor Create(const ANome: string);
    procedure Saluta;
  end;

constructor TPersona.Create(const ANome: string);
begin
  inherited Create;
  FNome := ANome;
end;

procedure TPersona.Saluta;
begin
  WriteLn('Ciao! Mi chiamo ', FNome);
end;

var
  Salutabile: ISalutabile;

begin
  Salutabile := TPersona.Create('Anna');
  Salutabile.Saluta;
end.
```

Ci sono molte differenze con le classi: andiamo a vederle insieme.
La prima differenza che salta all'occhio è la presenza di questo lungo numero identificativo, il GUID. Su Lazarus esso è ottenibile tramite i menu **Sorgente → Inserimenti generali → Inserisci un GUID** oppure con l'abbreviazione **Ctrl + Shift + G**.
In secondo luogo la classe `TPersona` eredita sia dall' interfaccia `ISalutabile` che da `TInterfacedObject`: quest'ultima fornisce il meccanismo di *reference counting*

per le interfacce e permette la distruzione automatica dell'oggetto (difatti non esiste una riga con `Salutabile.Free;`).

Ma come, non avevamo detto che Objective Pascal difettava di un *garbage collector*? In effetti continua ad essere così: il meccanismo di *reference counting* delle interfacce è solo relativo a loro stesse, non a tutti gli altri oggetti allocati in memoria. Tuttavia, è corretto dire che le interfacce forniscono il meccanismo più comune e robusto per la gestione automatica della memoria degli oggetti in Object Pascal standard, ed è l'unico meccanismo integrato nel linguaggio che gestisce automaticamente la durata di vita degli oggetti senza intervento esplicito del programmatore.
Altra differenza importante è che nelle interfacce non è prevista un'accoppiata del genere `virtual/override`: nelle `interface`, tutti i metodi sono implicitamente virtuali per definizione. Non si può e non si deve usare `virtual`, `override`, `abstract` o altri modificatori: d'altronde prima abbiamo detto che un'interfaccia è solo una dichiarazione di contratto, non contiene implementazioni. Ogni classe che implementa l'interfaccia deve fornirne una propria; ne consegue che aumentiamo mostruosamente il polimorfismo intaccando il meno possibile il codice.
Riassumendo, con le interfacce

- non c'è implementazione ereditaria da sovrascrivere,
- ogni classe che implementa un'interfaccia parte da zero, nel senso che deve implementare da capo tutti i metodi richiesti,
- il compilatore sa già che quei metodi sono da fornire, quindi non c'è ambiguità.

Un'ultima domanda: perché dovrei usare un'interfaccia al posto di una classe? Per vari motivi: il primo è l'ereditarietà multipla. Object Pascal non supporta l'ereditarietà multipla per le classi, ma una classe può implementare più interfacce:

```
type
  IDrawable = interface
    procedure Draw;
  end;

  ISerializable = interface
    procedure SaveToFile(const FileName: string);
    procedure LoadFromFile(const FileName: string);
  end;

  TShape = class(TInterfacedObject, IDrawable,
    ↪ ISerializable)
    // Implementa entrambe le interfacce
    procedure Draw;
    procedure SaveToFile(const FileName: string);
    procedure LoadFromFile(const FileName: string);
```

```
end;
```

In secondo luogo favorisce moltissimo il polimorfismo, poiché un'interfaccia descrive *cosa* un oggetto può fare, non *come* lo fa. In questo esempio...

```
procedure ElaboraDocumento(doc: IDocumento);
begin
  doc.Salva;
  doc.Stampa;
end;
```

...il chiamante non ha bisogno di sapere quale sia la classe che concretamente implementa `IDocumento`. Può essere, ad esempio, `TDocWord`, `TDocPDF`, etc.
Inoltre quando usiamo una classe derivata da `TInterfacedObject` e vi accediamo tramite una variabile di interfaccia, la memoria viene gestita automaticamente.
Servono in progetti un bel po' grossi, l'uso eccessivo di interfacce può complicare facilmente sorgenti di natura più contenuta.

Passiamo ora a tutt'altro utilizzo della parola `interface`: lo so, potrebbe sembrare un'errore ma è solo (secondo me) un'imperfezione nella grammatica di Object Pascal. In questo secondo contesto serve a rendere il codice più leggibile secondo una logica assimilabile al *divide et impera* latino.
`Interface` è contenuta all'interno delle `unit`, file esterni di supporto che andiamo a chiamare nel codice all'inizio del nostro programma per tramite del comando `uses`. Ci siamo incappati più di qualche volta nei nostri codici sorgenti.
In questo contesto la parola `interface` identifica la prima sezione del file, in cui vengono dichiarati i simboli (tipi, costanti, classi, procedure, funzioni...), visibili all'esterno della `unit`, con l'esplicito scopo di separare la definizione pubblica di una unit dalla sua implementazione privata.
La struttura tipica di una `unit` è questa:

```
unit NomeUnit;

interface
  uses
    ...; //Nomi di altre unit necessarie

  ...;

implementation
  ...

initialization
  ...
```

```
finalization
  ...

end.
```

Andiamo per ordine: la direttiva `uses`, contenuta dentro `interface`, fa esplicita richiesta al compilatore di includere nel codice sorgente altri listati, altre `unit` come la nostra; una logica identica è presente nel comando "include" del linguaggio C o in "import" di Java.
Quattro sono le sezioni principali:

1. `interface` → contiene tutto ciò che deve essere visibile alle altre `unit` che la useranno. È l'*interfaccia pubblica* del modulo, ciò che si presenta all'esterno. Contiene le dichiarazioni di costanti, tipi, variabili, procedure e funzioni, classi (con metodi) e le eventuali... interfacce di cui abbiamo parlato sopra! Quando un'altra `unit` utilizza la nostra `unit` (tramite la clausola `uses`), essa può accedere solo a ciò che è dichiarato in questa sezione.

2. `implementation` → contiene l'implementazione effettiva delle procedure e funzioni dichiarate nella sezione `interface`. Inoltre, può includere *proprie* dichiarazioni di costanti, tipi, variabili, procedure e funzioni che sono visibili solo all'interno della `unit` stessa. Ciò significa che sono private e non accessibili da altre `unit`, a meno che non siano dichiarate anche nella sezione `interface`.

3. `initialization` → viene eseguita in automatico quando la unit viene caricata in memoria. È opzionale

4. `finalization` → opzionale pure questa, viene eseguita in automatico quando il programma termina. Viene spesso utilizzata per liberare risorse, chiudere file o deallocare memoria.

Costruiamo un esempio: per prima cosa creiamo il classico **Programma semplice** in Lazarus. Il listato principale sarà questo, banalissimo:

```
program esempioUnit;

begin
  salutaTutti();
end.
```

Successivamente andiamo sul menu **File** → **Nuova unit** e scriviamo questo codice:

```
unit Unit1;

interface

uses
  Classes, SysUtils;

procedure salutaTutti;

implementation

procedure salutaTutti;
begin
  WriteLn('Ciao ciao!');
end;

initialization
WriteLn('Inizializzazione...');

finalization;
WriteLn('si chiude tutto...');
WriteLn('... e senza begin/end!');

end.
```

Se si torna indietro al nostro listato principale, vedrete che Lazarus ha già modificato il sorgente inserendo questa riga:

```
uses
  Unit1;
```

Premendo il nostro tasto **F9** il risultato sarà il seguente:

Console

```
Inizializzazione...
Ciao ciao!
si chiude tutto...
...e senza begin/end!
```

Anche in questo caso, come evidenziato dal codice di esempio, non è necessario apporre alcun blocco di tipo `begin`...`end` all'interno di `initialization` e `finalization`: come al solito, volendo, si possono volentieri mettere (il compilatore non restituisce un errore) ma rischiano di far diventare abbastanza verboso il listato. Fondamentalmente le quattro sezioni di cui sopra fungono lo stesso da delimitatori.

Uno dei problemi più noiosi con le `unit` è costituito dai, cosiddetti, *riferimenti circolari*.
I riferimenti circolari alle `unit` in Object Pascal rappresentano una situazione in cui due o più unità si referenziano reciprocamente, creando una dipendenza circolare che può causare problemi durante la compilazione. Per fare un esempio veloce si parla di riferimento circolare quando:

- l'unità A utilizza l'unità B nella sezione uses
- l'unità B utilizza l'unità A nella sezione uses

Questo crea un loop di dipendenze che il compilatore non può risolvere.
Perché succede? Quando i due uses sono nella sezione `interface`, entrambe le `unit` cercano di "sapere tutto" dell'altra prima che una delle due sia stata compilata. Il compilatore non può risolvere le dipendenze in anticipo.
Nell'immagine successiva il tipico schema che da origine a questo errore. Per evitare

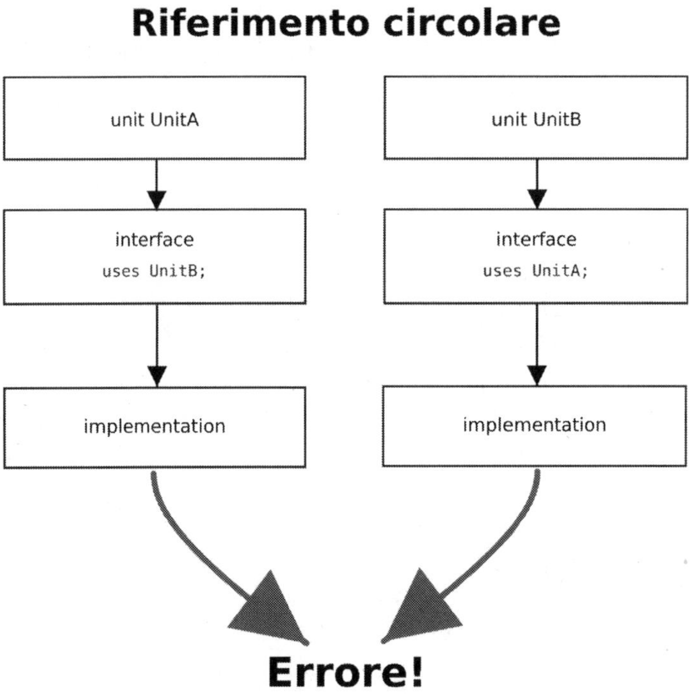

questo problema si può, innanzitutto, spostare uno dei due uses nella sezione `implementation` anziché `interface`. Tuttavia, per mia esperienza personale, credo che creare una `unit` comune per elementi condivisi sia la soluzione più elegante.
Ad esempio:

```
unit CommonTypes;

interface

type
  TA = class;
  TB = class;

implementation

end.
```

Poi in UnitA e UnitB si include CommonTypes in `interface`.

5.9 Una questione di specializzazioni

La grandezza di un linguaggio di programmazione si misura nella libertà di movimento che esso concede; in tal senso Object Pascal è davvero uno strumento potentissimo. Questo fatto si evince anche dalla coppia `generic...specialize`.

I `generic` sono un meccanismo per scrivere classi, record, funzioni o procedure in modo parametrico, cioè indipendenti dal tipo di dato specifico ma permettendone, piuttosto, una pluralità. In pratica, permettono di scrivere codice che può operare su diversi tipi di dati senza doverlo riscrivere per ogni tipo.

Immaginiamo di voler creare una classe che rappresenti una scatola, né più né meno. Senza il comando `generic`, avremmo dovuto creare una classe per ogni tipo di scatola: ci saremmo ritrovati col creare oggetti come `TScatolone`, `TScatolaPerScarpe`, `TScatolaDiCioccolatini`.

Con i `generic`, al contrario, possiamo definire una singola classe generica come `TScatola<T>`, dove `<T>` è un *placeholder*, un segnaposto per il tipo che verrà specificato al momento dell'instanziazione.

È una sorta di stampino che verrà poi "riempito" con un tipo concreto quando lo si utilizza: in questo caso fa la sua comparsa l'istruzione `specialize`.

Vediamo un primo esempio con una funzione:

```
program Generico;

uses
SysUtils;

generic function Somma<T>(a,b:T): T;
begin
  Result:=a+b;
```

```
end;


begin
  WriteLn('La somma con numeri risulta ', specialize Somma<Integer>(1,3));
  WriteLn('La somma con stringhe risulta ',specialize Somma<String>('Pinco ','Pallino'));
end.
```

In questo esempio abbiamo scritto (ed utilizzato) la medesima funzione con due tipi diversi di dati fornitigli in pasto: prima un paio di `Integer`, poi un altro paio di `String`. Il risultato alla console sarà:

Console

```
La somma con numeri risulta 4
La somma con stringhe risulta Pinco Pallino
```

Per una funzione (o una procedura) la dichiarazione ha bisogno sempre di un parametro di tipo `<T>`. Sempre.

```
generic function<T>
```

```
generic procedure<T>
```

Il richiamo invece necessita dell'istruzione `specialize` e della sostituzione di `T` in favore di un tipo tale per cui la dichiarazione abbia un senso:

```
specialize function<Integer>
specialize function<String>
```

```
specialize procedure<Integer>
specialize procedure<String>
```

Ad un primo livello può sembrare un processo analogo all'`overload` degli operatori di cui abbiamo già parlato: tuttavia ci sono delle differenze importanti. La prima è che, ovviamente, nel caso dell'`overload` degli operatori dobbiamo implementare *tutte* le diverse casistiche di utilizzo, quindi tante quante i tipi da supportare mentre con l'utilizzo di generic...specialize una sola con una moltitudine di tipi utilizzabili. Inoltre la moltitudine di funzioni, in taluni casi, rischia di comportare una sovrabbondanza di codice, in cui il debug può risultare difficile.

Caratteristiche	`overload`	`specialize...generic`
Numero di implementazioni	Tante quante i tipi da supportare	Una sola
Flessibilità	Limitata ai tipi scritti a mano	Può supportare qualsiasi tipo (anche custom)
Manutenzione	Ridondante (tanto codice)	Centralizzata (un'unica definizione)

Anche le classi rientrano nelle medesime logiche grammaticali: generic verrà usato in sede di dichiarazione del tipo mentre specialize nel momento in cui creiamo[18] un puntatore ad una classe, prima di istanziarla.
Vediamo un esempio:

```
program ClassiGeneriche;

{$mode objfpc}

uses
  SysUtils;

type
// Definiamo una classe generica che contiene un solo
   ↪ valore
generic TBox<T> = class
  private
    FValue: T;
  public
    constructor Create(AValue: T);
    function GetValue: T;
    procedure SetValue(AValue: T);
  end;

constructor TBox.Create(AValue: T);
begin
  FValue := AValue;
end;
```

[18]In maniera del tutto opaca

```

function TBox.GetValue: T;
begin
  Result := FValue;
end;

procedure TBox.SetValue(AValue: T);
begin
  FValue := AValue;
end;

var
  IntBox: specialize TBox<Integer>;
  StrBox: specialize TBox<String>;
begin

// Una "scatola" di interi
  IntBox := specialize TBox<Integer>.Create(42);
  WriteLn('Contenuto iniziale di IntBox: ', IntBox.GetValue);
  IntBox.SetValue(100);
  WriteLn('Nuovo valore di IntBox: ', IntBox.GetValue);

// Una "scatola" di stringhe
  StrBox := specialize TBox<String>.Create('Ciao');
  WriteLn('Contenuto di iniziale StrBox: ', StrBox.GetValue);
  StrBox.SetValue('Mondo');
  WriteLn('Nuovo valore di StrBox: ', StrBox.GetValue);

// Pulizia della memoria
  IntBox.Free;
  StrBox.Free;
end.
```

Alla console:

Console

```
Contenuto iniziale di IntBox: 42
Nuovo valore di IntBox: 100
Contenuto iniziale di StrBox: Ciao
Nuovo valore di StrBox: Mondo
```

Per definire una classe con il costrutto `generic` si utilizza questa sintassi. . .

```
type
  generic miaClasse<T> = class
  ...
  end;
```

... mentre l'istanziazione avviene in questo modo:

```
var
  Classe_1:=specialize miaClasse<tipo>;
begin
  Classe_1:= specialize miaClasse<tipo>.Create;
  ...
  Classe_1.Free;
end.
```

Questo criterio di programmazione non è una prerogativa di Object Pascal: fu introdotto per la prima volta dal linguaggio C++ attraverso i *templates*: venne poi ripreso, reso più sicuro ed utilizzabile con Java prima ma sopratutto con il linguaggio C# poi. D'altra parte ve lo ricordate che l'autore di C# è lo stesso che ha creato il celeberrimo tool *Turbo Pascal*, vero?!?

Questa è l'ennesima prova di quanto sia stato fatto per mantenere questo linguaggio al passo con i tempi e renderlo più potente e sicuro.

5.10 L'anfibio

Dopo questa lunga disamina sulle classi e sulla OOP è arrivato ora il momento di fare la conoscenza di un'istruzione che è, per così dire, "anfibia": si trova cioè in una bizzarra terra di mezzo, a metà tra il mondo della programmazione ad oggetti e quella tradizionale. In Object Pascal, difatti, esiste anche il tipo `Object` che è una struttura diversa, non derivata da `TObject` e più simile a un `record` con metodi. È usato molto raramente oggi, per via delle sue ovvie limitazioni, e mantenuto all'interno del linguaggio quasi esclusivamente per compatibilità con codice molto vecchio, spesso derivante dal Turbo Pascal. Può tuttavia risultare comodo in taluni casi in cui serva un codice meno elaborato e ricercato.
A differenza delle classi esso è un tipo "*per valore*" e non "*per riferimento*"; supporta campi e metodi, ereditarietà e metodi virtuali, ma non ha le funzionalità moderne delle classi (RTTI completa, `is/as`, interfacce, gestione proprietà, ecc.).

Differenze rispetto a Class		
Aspetto	`Object`	`Class`
Natura	Valore (copia per assegnazione)	Riferimento (variabile = puntatore)
Allocazione	`New/Dispose`	`Create/Free`
Costr./Distr. tipici	`Init/Done` (nomi convenzionali)	`Create/Destroy/Free`
RTTI, `is/as`	Assenti e/o limitati	Sì
Proprietà/Interfacce	In genere no	Sì
Polimorfismo	Sì	Sì
Compatibilità	Legacy	Uso corrente

Vediamo un piccolo esempio:

```
program UsoDegliObject;

{$mode objfpc}

type
  TPoint = object
    X, Y: Integer;
    constructor Init(AX, AY: Integer);
    procedure Move(DX, DY: Integer);
  end;

constructor TPoint.Init(AX, AY: Integer);
begin
  X := AX; Y := AY;
end;

procedure TPoint.Move(DX, DY: Integer);
begin
  Inc(X, DX); Inc(Y, DY);
end;

var
  P: TPoint;

begin
  P.Init(10, 20);
  WriteLn('Valori iniziali dell''oggetto: ', p.x, ' ',
    ↪ p.y);
  P.Move(5, -3);
```

```
  WriteLn('Valori finali dell''oggetto: ', p.x, ' ' , p.
    ↪ y);
end.
```

Alla console:

Console

```
Valori iniziali dell'oggetto: 10 20
Valori finali dell'oggetto: 15 17
```

Essendo un tipo passato "*per valore*" possiamo anche utilizzare i puntatori:

```
program UsoDegliObject;

{$mode objfpc}

type
  TPoint = object
    X, Y: Integer;
    constructor Init(AX, AY: Integer);
    procedure Move(DX, DY: Integer);
  end;

constructor TPoint.Init(AX, AY: Integer);
begin
  X := AX; Y := AY;
end;

procedure TPoint.Move(DX, DY: Integer);
begin
  Inc(X, DX); Inc(Y, DY);
end;

type
  PPoint=^TPoint;

var
  P:PPoint;

begin
  New(P);
  P^.Init(10, 20);
  WriteLn('Valori iniziali dell''oggetto: ', p^.x, ' ' ,
    ↪ p^.y);
  P^.Move(5, -3);
```

```
  WriteLn('Valori finali dell''oggetto: ', p^.x, ' ' , p
    ↪ ^.y);
  Dispose(P);
end.
```

Il risultato sarà il medesimo di prima ma abbiamo lavorato per riferimento in questo caso, ed è di gran lunga più scomodo e meno leggibile ad una prima occhiata.
In Object Pascal esiste anche un'altra struttura "anfibia" simile agli `Object` che è l'*advanced record*: si tratta di un `record` a cui si aggiungono procedure, costruttori ed operatori sovraccaricati. Tuttavia, essendo sempre un caso *borderline*, che può ingenerare problemi di compatibilità, preferisco ignorarlo nella trattazione e proseguire oltre.

6 Salvataggi ed errori

6.1 Eccezioni o regole?

Fino a questo punto abbiamo visto molti comandi e listati in cui sapevamo per certo tutto sarebbe andato bene: i dati inseriti erano corretti a prescindere e gli algoritmi decisamente semplici.

Tuttavia è anche vero che, nella programmazione reale, gli errori siano inevitabili. File mancanti, divisioni per zero, accessi a memoria non valida o input errato da parte dell'utente possono causare il blocco di un programma. Inoltre, come dice spesso un mio amico programmatore di professione, "i clienti adoperano il tuo programma in maniere che non ti aspetteresti mai!".
Dobbiamo prevenire tali evenienze, bisogna trovare un sistema per gestire tutto ciò che può andare storto.

Object Pascal, al pari di molti altri linguaggi di programmazione contemporanei, fornisce un sistema robusto di gestione degli errori chiamato "*exception handling*" (gestione delle eccezioni), che consente di rilevare, gestire e risolvere errori in tempo reale ed in modo elegante e strutturato. Ma cos'è un'eccezione?

Un'eccezione è un evento che si verifica durante l'esecuzione di un programma e che interrompe il normale flusso di controllo. In Object Pascal, le eccezioni sono rappresentate da oggetti derivati dalla classe base `Exception`.
la gestione delle eccezioni avviene attraverso due costrutti principali: `try...except` e `try...finally`. Il primo serve solo per intercettare una possibile tipologia di errore mentre il secondo serve a garantire l'esecuzione di un blocco anche in presenza di eventuali problemi. In altri termini ciò che accade dopo `finally` deve essere sempre eseguito a prescindere: tendenzialmente, in questo blocco, si tende sempre a liberare risorse.
Vediamo l'esempio più classico, una divisione per zero:

```
program eccezione;
```

```pascal

{$mode objfpc}

uses
  SysUtils;

var
  x, y, z: Integer;

begin
  x := 10;
  y := 0;
  try
    z := x div y;
    WriteLn('Risultato: ', z);
  except
  on E: Exception do
    begin
      WriteLn('Errore: ', E.Message);
      WriteLn('Tipo di exception: ', E.ClassName);
    end;
  end;
end.
```

Console

Errore: Division by zero
Tipo di exception: EDivByZero

In questo esempio, l'eccezione `EDivByZero` viene sollevata e gestita, evitando il crash del programma.[1]

Forse l'avrete visto, forse no: sotto al comando `try` non esiste un blocco `begin` ... end. Come nel caso di `Repeat`...`until`, anche qui si dà per scontato che le operazioni da eseguire possano essere più d'una.[2]

Il comando `raise` serve per far scattare una *exception* direttamente dalla volontà del programmatore. Le *exceptions*, infatti, si possono creare anche ex-novo, utilizzando l'ereditarietà della classe `Exceptions`.

Un esempio:

[1] A dire il vero questo messaggio alla console appare solo nel Terminale di Linux e non all'interno di Lazarus. L'ambiente di sviluppo gestisce le eccezioni in maniera diretta all'interno del debugger.

[2] Se me lo chiedeste vi direi che questi aspetti sono tra i più scomodi da ricordare in Object Pascal: personalmente, per evitare noie e problemi, se ho una pluralità di istruzioni da far eseguire racchiudo il tutto sempre all'interno di blocchi `begin`...`end`.

```
program eccezione;

{$mode objfpc}

uses
  SysUtils;

type
  EArrayPieno = class(Exception);

var
  x:array[1..3] of integer;
  i: integer;

begin
  for i:=1 to 4 do
  begin
    x[i]:=i;
    WriteLn('Indice ', x[i]);
    if x[i] > Length(x) then
      raise EArrayPieno.Create('Array pieno')
    else
      WriteLn('Sono riuscito a scrivere nell''array');
  end;
end.
```

Console

```
Indice 1
Sono riuscito a scrivere nell'array
Indice 2
Sono riuscito a scrivere nell'array
Indice 3
Sono riuscito a scrivere nell'array
Indice 4
An unhandled exception occurred at $0000000000401122:
EArrayPieno: Array pieno
$0000000000401122
```

La funzione `Length` restituisce la grandezza di un `array`: nel momento in cui cerchiamo di scrivere al di fuori di esso, ecco che scatta l'eccezione che ci siamo autocostruiti (`EArrayPieno`).

Per gestire una pluralità di eccezioni diverse che possono verificarsi esiste il comando `on...do`. Vediamolo in azione:

```
try
  // codice che potrebbe sollevare eccezioni
except
  on E: EDivByZero do
    WriteLn('Divisione per zero!');
  on E: EInOutError do
    WriteLn('Errore di I/O: ', E.Message);
  on E: Exception do
    WriteLn('Altro errore: ', E.Message);
end;
```

Possiamo, se vogliamo, trovare un parallelismo tra il C++ e l'Objective Pascal anche nell'uso delle eccezioni[3]. I comandi possono essere così accomunati...

Comando in Object Pascal	**Comando in C++**
`try`	try
`except on`	catch
`finally`	finally
`raise`	throw

L'exception handling in Object Pascal è uno strumento fondamentale per creare applicazioni robuste e affidabili. La corretta implementazione di `try...except` e `try...finally`, combinata con una gerarchia ben progettata di eccezioni personalizzate, permette di gestire errori in modo elegante e mantenibile.
Bisogna tuttavia ricordarsi sempbrei bilanciare la gestione degli errori con le performance, utilizzando le eccezioni per situazioni veramente eccezionali piuttosto che per il controllo di flusso normale del programma. Qui sotto una tabella che illustra le principali eccezioni:

Classe di eccezione	**Descrizione**
`Exception`	Classe base di tutte le eccezioni.
`EDivByZero`	Errore di divisione per zero.
`EAccessViolation`	Accesso non valido alla memoria (puntatore nullo?)
`EInvalidPointer`	Puntatore non valido.

[3] Questo a riprova del fatto che questo linguaggio non è affatto "vecchio" ma che si è comunque evoluto nel tempo, assorbendo le tecniche più interessanti mantenendo un grado di leggibilità altissimo.

Classe di eccezione	Descrizione
`EOutOfMemory`	Memoria esaurita o impossibile da allocare.
`EInOutError`	Errore di input/output (lettura/scrittura file non riuscita)
`EFileNotFoundException`	File non trovato.
`EConvertError`	Errore di conversione di tipo.
`ERangeError`	Errore di intervallo (array fuori dai limiti?)
`EStackOverflow`	Stack overflow, ad esempio in caso di ricorsione infinita.
`EAbort`	Per interrompere l'esecuzione senza visualizzare messaggi di errore.
`EExternalException`	Eccezione generata dal sistema operativo o da librerie esterne.

6.2 File tutti i gusti + 1

La gestione delle eccezioni risulta comodissima (e direi quasi obbligatoria) soprattutto nel momento in cui dobbiamo gestire dei file: se essi sono stati spostati, eliminati oppure nella procedura di lettura dei dati siamo riusciti a caricarne solo alcuni, il nostro programma non può permettersi di andare in crisi totale.
Dobbiamo piuttosto essere in grado di gestire il problema con le dovute accortezze, permettendo di lavorare con i file che siamo riusciti a trovare e/o magari di ricostruire quelli mancanti.
Ma come si lavora con i file in Object Pascal?
In questo linguaggio, come in altri del resto, i file si dividono principalmente in due categorie:

- file di testo (`TextFile`)
- file di tipo binario tipizzati (definiti con `File of ...`)
- file di tipo binario con streaming

6.2.1 File di testo

Un file di testo è composto da caratteri facilmente leggibili, come i .txt, i .csv, i .log etc. La maniera più semplice per scrivere un file di testo è questa:

```
program ScrivoUnTesto;
```

```
2
3  {$mode objfpc}
4
5  var
6    F: TextFile;
7
8  begin
9    AssignFile(F, 'dati.txt');
10   Rewrite(F);
11   WriteLn(F, 'Ciao, mondo!');
12   WriteLn(F, 'Questo è un file di testo.');
13   CloseFile(F);
14 end.
```

Alla console questo giro non vedremo assolutamente nulla. Perché?!? Semplicemente perché abbiamo dirottato l'output di scrittura del comando `WriteLn` dalla console a `F`, variabile di tipo `TextFile`.
Nella medesima cartella dove viene salvato il nostro programmino troveremo infatti un nuovo file, chiamato per l'appunto "dati.txt" che al suo interno contiene queste righe

Ciao, mondo!
Questo è un file di testo.

Vediamo cosa succede nel listato: per prima cosa creiamo una variabile `F` che è di tipo `TextFile`. Fin qui davvero nulla di incomprensibile.
Successivamente colleghiamo la variabile ad un nome di file, in questo caso "dati.txt", per il tramite del comando `AssignFile`[4].
Successivamente il comando `Rewrite` vi permette di aprire il file per la scrittura, eventualmente sovrascrivendo tale file se esso esiste già. A quel punto inseriamo i le nostre righe di testo utilizzando il comando `WriteLn`, aggiungendo prima del contenuto la nostra variabile `F`[5].
Inseriti i nostri dati, altro non ci resta da fare se non chiudere il file con l'autoesplicativa procedura `CloseFile(F)`.
Proviamo ora a cambiare solo leggermente il nostro programma: prendete la riga 9 e modificatela in questa maniera:

```
9    AssignFile(F, '/dati.txt');
```

[4] Al posto di "dati.txt" possiamo indicare anche un percorso completo se vogliamo dislocare il file in un altro punto del nostro sistema operativo, come ad esempio "/home/riccardo/dati.txt" nel mio caso. L'unica discriminante è che voi possiate scrivere nella cartella di destinazione.

[5] A questo punto vi sarete sicuramente resi conto che anche `WriteLn` è una procedura che è sovraccaricata (*overloaded*), ovvero può accettare diversi tipi e numeri di argomenti

Aggiungendo una sola barra (/) alla stringa "dati.txt" stiamo tentando, sotto Linux, di andare a scrivere nella cartella principale del nostro sistema operativo. L'operazione è impossibile meno di non andare ad usare certi comandi particolari sotto Terminale, ragion per cui il nostro programma ci regalerà un bel messaggio di errore.
Di che errore si tratta?!? Probabilmente l'avrete già capito: si tratta di un'eccezione.
Modifichiamo il programma così:

```
program project1;

{$mode objfpc}

uses
  SysUtils;

var
  F: TextFile;

begin
  try
    AssignFile(F, '/dati.txt');
    Rewrite(F);
    WriteLn(F, 'provo a scrivere...!');
    CloseFile(F);
  except
  on E: EInOutError do
    begin
      WriteLn('Errore di I/O: ', E.Message);
      WriteLn('Eccezione: ',E.Classname);
    end;
  end;
end.
```

Ed ecco qua una bella eccezione!

Console

Errore di I/O: File not found
Eccezione: EInOutError

Credo che adesso sia ancora più chiaro l'utilizzo di questa metodologia operativa: se avessimo dato all'utente la possibilità di scegliere dove salvare il file, ed avesse deciso di crearlo in una posizione protetta da scrittura, senza l'uso delle eccezioni

il programma sarebbe andato in crash. Tutto il lavoro sarebbe andato perduto (probabilmente), il file non creato e l'utente non avrebbe capito perché il programma è andato in crisi.
Con le eccezioni riusciamo a spiegare l'errore (con delle finestre o dei messaggi a Terminale), a permettere di riprovare, ad evitare di commettere in futuro magari lo stesso errore.

Abbiamo visto come salvare un file di testo ma come riusciamo a leggerlo? Ecco un facile esempio:

```
program leggiFile;

{$mode objfpc}

var
  F: TextFile;
  Riga: string;

begin
  AssignFile(F, 'dati.txt');
  Reset(F); // apre il file per la lettura
  while Not Eof(F) do
    begin
      ReadLn(F, Riga); // legge una riga alla volta
      WriteLn('Letto: ', Riga);
    end;
  CloseFile(F);
end.
```

Il risultato sarà:

Console

Letto: Ciao, mondo!
Letto: Questo è un file di testo.

Al posto di `Rewrite` questo giro utilizziamo `Reset`: il primo serve per aprire il file in scrittura, il secondo in lettura. Abbiamo poi visto nel capitolo 3 il comando `not`, operatore booleano che serve, come detto, per verificare che una o più condizioni siano vere o false. In questo caso controlliamo che l'aver raggiunto la fine del file (`Eof` che sta per "*End of file*") non sia verificata. In altre parole, andiamo avanti finché ci sono righe da leggere.
Se volessimo invece *aggiungere* righe al nostro testo anziché cancellarlo e scriverlo ex-novo, il listato diverrebbe questo:

```
program aggiungiAlFile;

{$mode objfpc}

var
  F: TextFile;

begin
  AssignFile(F, 'dati.txt');
  Append(F); // apre il file in modalità "aggiunta"
  WriteLn(F, 'Nuova riga aggiunta in fondo.');
  CloseFile(F);
end.
```

Oggi i file di testo più utilizzati sono quelli di configurazione: essi mantengono coppie di chiave/valore (alla stregua di un dizionario) comode per gestire preferenze di programmi e servizi che funzionano in background.
A questo proposito ci viene incontro la classe TStringList. Vediamone un esempio:

```
program GestisciConfigurazioni;

{$mode objfpc}

uses
  Classes, SysUtils;

var
  Config: TStringList;
  i: Integer;
  Chiave, Valore: string;
  F: TextFile;

begin
  Config := TStringList.Create;
  try
    if FileExists('config.ini') then
      Config.LoadFromFile('config.ini')
    else
      begin
        assignFile(F,'config.ini');
        Rewrite(F);
      end;

    // Aggiungi/modifica valori
```

```
    Config.Values['ServerName'] := 'localhost';
    Config.Values['Port'] := '8080';
    Config.Values['Debug'] := 'true';

    // Salva modifiche
    Config.SaveToFile('config.ini');

    // Leggi tutte le configurazioni
    for i := 0 to Config.Count - 1 do
      begin
        Chiave := Config.Names[i];
        Valore := Config.Values[Chiave];
        Writeln(Chiave, ' = ', Valore);
      end;
  finally
    Config.Free;
  end;
end.
```

Vedremo questa classe con maggiore comodità in un capitolo successivo.

6.2.2 File binari

Una delle caratteristiche più tipiche di Pascal, fin dai suoi primordi[6], è la presenza del tipo `File of` per gestire file di tipo binario. Nessun altro tipo di linguaggio, all'epoca, aveva un equivalente diretto di questo tipo di dato e fu pensato per semplificare la gestione di file strutturati in un ambiente didattico e per applicazioni gestionali semplici. È sempre stato presente in tutti i vari dialetti di Pascal, da Turbo Pascal a Delphi a Free Pascal Compiler.
La caratteristica distintiva è che permette di creare file che contengono elementi di un tipo specifico, facilitando l'I/O strutturato. Questo era particolarmente utile prima della diffusione dei database e dei formati di serializzazione moderni.
Oggi questo tipo di file tipizzato è considerato quasi obsoleto, sostituito da formati più portabili come JSON, XML o database, ma rimane disponibile per compatibilità e per casi d'uso specifici dove serve accesso diretto agli elementi del file.
Vediamo un piccolo esempio:

```
program scriviFileBinario;

type
  TStudente = record
  Nome: string[30];
  Eta: Integer;
```

[6] Questo tipo era presente addirittura nel Pascal di Niklaus Wirth, il suo ideatore.

```
  end;

var
  F: File of TStudente;
  S: TStudente;

begin
  //Stessi comandi che per un file di testo
  AssignFile(F, 'studenti.dat');
  Rewrite(F);

  S.Nome := 'Anna';
  S.Eta := 10;
  Write(F, S);

  S.Nome := 'Luca';
  S.Eta := 12;
  Write(F, S);

  CloseFile(F);
end.
```

Alla console non verrà mostrato niente e non sarete in grado di leggere alcunché con nessun editor di testo, se caricate "studenti.dat".
Per leggere il file correttamente ed in maniera immediata *dovete conoscerne la struttura interna a priori*: questo può risultare comodissimo per creare file di database per la vostra applicazione o per programmi dove la riservatezza chiesta dal vostro cliente è prerogativa importante. Con questo sistema, come con altri del resto, siete in grado di avere il controllo totale sulla gestione dei dati.
Vediamo adesso come leggerli: non sarà difficile, il listato sarà praticamente identico a quello utilizzato per i file di testo. . .

```
program leggiFileBinario;

{$mode objfpc}

type
  TStudente = record
  Nome: string[30];
  Eta: Integer;
end;

var
  F: File of TStudente;
  S: TStudente;

```

```
begin
  AssignFile(F, 'studenti.dat');
  Reset(F); // Apre il file per la lettura

  while not Eof(F) do
    begin
      Read(F, S); // Legge un record dal file
      WriteLn('Nome: ', S.Nome, ', Anni: ', S.Eta);
    end;
  CloseFile(F);
end.
```

Questo sistema prevede alcuni vantaggi ed alcuni limiti.
Indubbiamente è estremamente semplice da usare, ed è perfetto per file di record fissi come anagrafiche, voci di inventario, etc.
Tuttavia i file generati rischiano di non essere *cross-platform* tra macchine con architetture diverse. Ci sono alcune architetture che utilizzano, per rappresentare i dati in formato binario, il sistema *little-endian* mentre altri il *big-endian*: in poche parole, l'*endianness* si riferisce all'ordine in cui i byte vengono memorizzati in memoria per rappresentare numeri multi-byte.[7]
In un sistema little-endian il byte meno significativo viene memorizzato per primo (all'indirizzo di memoria più basso). Ad esempio il numero 12345678 verrebbe memorizzato così:

little-endian				
Indirizzo	0x1000	0x1001	0x1002	0x1003
Contenuto	78	56	34	12

Nel big-endian invece il medesimo numero viene rappresentato in memoria così:

little-endian				
Indirizzo	0x1000	0x1001	0x1002	0x1003
Contenuto	12	34	56	78

Ne consegue che, se per esempio salviamo un record con un campo di tipo `Integer`, il file risultante potrebbe essere interpretato in modo errato su un'altra macchina.[8] Altri inghippi possono essere rappresentati da...

- allineamento dei record: compilatori diversi possono allineare i campi dei record in modo differente per ottimizzare le prestazioni, cambiando la dimensione effettiva delle strutture.

[7] Il nome deriva dai "Lillipuziani" di Gulliver, che litigavano su come rompere le uova!

[8] Oggi la maggioranza dei computer desktop utilizza l'architettura *little-endian* ma ci sono contesti specifici in cui l'ordine dei byte *big-endian* è ancora utilizzato, specialmente in architetture di rete. Dobbiamo tenerne conto in sede di creazione del nostro programma.

- dimensione dei tipi: Un `Integer` può essere 16, 32 o 64 bit a seconda del compilatore e della piattaforma target.
- formato delle stringhe: Le stringhe Object Pascal hanno formati interni diversi tra implementazioni (lunghezza prefissata, null-terminated, ecc.).

In generale, per i file di tipo testuale e quelli generati dal tipo `File of` possono essere usati questi comandi:

Operazioni sui files	
Comando	**Descrizione**
`AssignFile(F,nome)`	Assegna un nome a un file
`Append(F)`	Apre un file esistente per aggiungere dati alla fine del file e modificarlo
`BlockRead(F,buffer,count)`	Legge dati da un file non tipizzato in memoria
`BlockWrite(F,buffer,count)`	Scrive dati dalla memoria in un file non tipizzato
`CloseFile(F)`	Chiude un file aperto
`EOF(F)`	Controlla se si è raggiunta la fine del file
`Erase(F)`	Cancella un file dal disco
`FilePos(F)`	Ottiene la posizione corrente nel file
`FileSize(F)`	Ottiene la dimensione del file
`Flush(F)`	Scrive i buffer del file su disco
`IOResult`	Restituisce il risultato dell'ultima operazione di I/O su file
`Read`	Legge da un file di testo
`ReadLn`	Legge da un file di testo e passa alla riga successiva
`Reset(F)`	Apre un file per la lettura
`Rewrite(F)`	Crea un file per la scrittura
`Seek(offset,origin)`	Cambia la posizione corrente nel file
`SeekEOF(F)`	Imposta la posizione del file alla fine del file
`SeekEOLn(F)`	Imposta la posizione del file alla fine della riga
`Truncate(F)`	Tronca il file alla posizione corrente

Operazioni sui files	
Comando	**Descrizione**
`Write(F)`	Scrive una variabile su un file
`WriteLn(F,s)`	Scrive una variabile su un file di testo e va a capo

`File of` è un tipo di dato davvero comodo ma soffre un po' del tempo che è passato. Tuttavia, se stiamo costruendo un programma che abbia bisogno di caricare dati leggibili solo da lui stesso e siamo consapevoli dell'architettura sulla quale vogliamo far girare il nostro eseguibile, nulla ci vieta di usarlo: è strumento potente, semplice ed alquanto flessibile.

6.2.3 File binari (professional)!

Se volessimo implementare una versione leggermente più portabile dell'esempio relativo agli studenti di prima possiamo ricorrere ad una particolare classe: `TFileStream`.

```
program salvaStudentiStream;

{$mode objfpc}

uses
  SysUtils, Classes;

type
  TStudente = packed record
    Nome: array[1..30] of AnsiChar; // array fisso, no string
    Eta: Integer;
  end;

var
  Studenti: array[1..2] of TStudente;
  FS: TFileStream;
  I: Integer;

begin
  FillChar(Studenti, SizeOf(Studenti), 0); // buona pratica

  Move('Anna'[1], Studenti[1].Nome[1], 4);
```

```
23    Studenti[1].Eta := 10;
24
25    Move('Luca'[1], Studenti[2].Nome[1], 4);
26    Studenti[2].Eta := 12;
27
28    FS := TFileStream.Create('studenti_stream.dat',
        ↪ fmCreate);
29    FS.WriteBuffer(Studenti, SizeOf(Studenti));
30    FS.Free;
31  end.
```

L'accoppiata `TFileStream` e `WriteBuffer` è, in questo caso, decisamente vincente in termini di portabilità. I motivi?

- Siamo noi a controllare perfettamente cosa scriviamo e come (ordine, dimensione, formato)
- Non siamo dipendenti dal comportamento implicito del compilatore (es. padding, allineamenti, encoding, ecc.)
- È possiibile scrivere dati in modo più compatibile con altri linguaggi o piattaforme (es. Python, C, ecc.)

Andiamo ad analizzare il codice.
Nel momento in cui andiamo a definire il tipo `TStudente` ci assicuriamo che il compilatore non inserisca alcun *padding*[9] all'interno: egli infatti, in assenza di `packed`, potrebbe benissimo decidere (per via di ottimizzazione) di allineare aggiungendo byte vuoti tra l'`array Nome` e l'`Integer Eta`. Con `packed` sappiamo *esattamente* quanti byte scriviamo e, di conseguenza, quanti leggerne!
Alla riga 20 troviamo

```
20    FillChar(Studenti, SizeOf(Studenti), 0); // buona
        ↪ pratica
```

Questo comando riempie tutto l'`array Studenti` di byte a valore 0: è utile per azzerare completamente la memoria prima di scrivere dati binari. Questa è una buona pratica perché previene valori spazzatura nei campi inutilizzati ed assicura che il contenuto del file binario sia pulito e uniforme, specialmente nelle stringhe rappresentate come `array of AnsiChar`.
La riga 22...

```
22    Move('Anna'[1], Studenti[1].Nome[1], 4);
```

[9] Ricordate la disquisizione sull'operatore packed al capitolo 3?

...copia i primi 4 caratteri della stringa 'Anna' nella posizione iniziale del campo `Nome` del primo studente:`'Anna'[1]` è il primo carattere della stringa (`A`), quindi `Move('Anna'[1], ...)` punta all'inizio dei dati della stringa.
`Studenti[1].Nome[1]` è il primo elemento dell'`array[1..30] of AnsiChar`.
La procedura è abbastanza complicata, se volete macchinosa, ma praticamente stiamo copiando tutto byte per byte; siamo quindi molto sicuri che il file creato, assieme al comando packed sarà multipiattaforma.
Terminiamo il tutto esaminando il listato dalla posizione 28:

```
28  FS := TFileStream.Create('studenti_stream.dat',
    ↪ fmCreate);
29  FS.WriteBuffer(Studenti, SizeOf(Studenti));
30  FS.Free;
```

La prima riga istanzia la classe `TFileStream`[10], dandogli come parametri il nome del file e la modalità di accesso: con `fmCreate` ci garantiamo che se il file esiste, venga sovrascritto mentre se non esiste che venga creato.
`WriteBuffer` si occupa di scrivere nel file il contenuto dell'intero `array Studenti`[11] mentre `Free` libera finalmente la memoria dell'oggetto TFileStream e chiude anche automaticamente il file.
Se volessimo leggere i nostri dati:

```
program leggiStudentiStream;

{$mode objfpc}

uses
  SysUtils, Classes;

type
  TStudente = packed record
  Nome: array[1..30] of AnsiChar;
  Eta: Integer;
  end;

var
  FS: TFileStream;
  Studenti: array[1..2] of TStudente;
  I, J: Integer;
  NomeString: string;

begin
```

[10] Fino ad adesso non avevamo ancora creato il suo oggetto.

[11] `SizeOf` ci permette di calcolare, in byte, il peso di una variabile o di un oggetto

```
  FS := TFileStream.Create('studenti_stream.dat', fmOpenRead);
  FS.ReadBuffer(Studenti, SizeOf(Studenti));
  FS.Free;

  for I := 1 to 2 do
    begin
      NomeString := '';
      for J := 1 to 30 do
        if Studenti[I].Nome[J] <> #0 then
          NomeString := NomeString + Studenti[I].Nome[J];
      WriteLn(NomeString, ' ha ', Studenti[I].Eta, ' anni');
    end;
end.
```

Alla console ritroveremo:

Console

Anna ha 10 anni
Luca ha 12 anni

La gestione dei file in Object Pascal offre strumenti potenti e flessibili per ogni tipo di applicazione. Dall'approccio tradizionale con il tipo `File of` alle moderne classi `TFileStream`, il linguaggio fornisce tutto il necessario per implementare soluzioni robuste ed efficienti.

La scelta dell'approccio dipende dalle specifiche esigenze: file di testo per dati leggibili, file tipizzati per strutture complesse, stream per flessibilità massima. L'importante è sempre implementare una gestione degli errori appropriata e seguire le *best practices* per garantire affidabilità e manutenibilità del codice.

7 Librerie

7.1 Allarghiamo gli orizzonti

Una libreria, in informatica, è un insieme di funzioni e strutture di dati predefinite e predisposte per essere riutilizzate da altri programmi software attraverso opportuni sistemi di chiamata. Il loro scopo è, al pari di un libro o di una biblioteca[1], è quello di allargare le funzionalità di un programma utilizzando del codice già scritto da uno o più autori e (spesso) già compilato.
È una cosa che si fa sovente in informatica, in tutti i prodotti software: i giochi possono magari utilizzare NVIDIA PhysX[2] per la gestione degli oggetti come se fossero reali ed interagissero correttamente tra di loro. Altri programmi, orientati alla produttività, possono magari utilizzare la libreria libavcodec[3] per la codifica/decodifica di flussi audio e video. Ma non finisce mica qui: online si possono trovare migliaia di librerie per tutti gli utilizzi, anche i più disparati.

Il vantaggio dell'utilizzo di una libreria è il fatto di poter non solo utilizzare il codice di altri autori a vantaggio personale ma anche di poter farlo utilizzando linguaggi di programmazione diversi da quello con cui il pacchetto software è stato costruito: una libreria scritta in C o in C++, se programmata con il dovuto criterio, può benissimo essere utilizzata anche in Object Pascal.
Vale anche viceversa, ovviamente, ed è questo il motivo che mi ha spinto ad aprire questo capitolo.

[1] "Library" in inglese significa, per l'appunto, "biblioteca". È stato tradotto male all'inizio dell'era informatica ed oggi viene accettata universalmente il concetto di "libreria".

[2] https://developer.nvidia.com/physx-sdk

[3] https://www.ffmpeg.org/libavcodec.html

7.2 Librerie statiche

Le librerie possono essere divise, fondamentalmente, in due grossi macrogruppi:

- librerie statiche
- librerie dinamiche

La differenza principale tra le due modalità riguarda quando e come il codice della libreria viene incorporato ed eseguito nel nostro programma. In una libreria di tipo statico il codice di essa viene incoporato (*linkato*) direttamente dentro l'eseguibile durante il processo di compilazione. Una volta generato, il programma è autonomo e non ha bisogno della libreria all'esterno per funzionare. Su Windows, tipicamente, i file di questo tipo hanno l'estensione *.lib*, mentre su Linux/macOS *.a*. Come in tutte le cose ci sono lati positivi e lati negativi:

Libreria statica	
Lati positivi	**Lati negativi**
Nessuna dipendenza esterna al momento dell'esecuzione	L'eseguibile è più grande (il codice della libreria è duplicato in ogni programma che lo usa)
Avvio più veloce (niente caricamento di librerie separate)	Aggiornare la libreria richiede ricompilare il programma
Più facile distribuire un singolo file eseguibile	

L'utilizzo di una libreria statica è particolarmente indicato se abbiamo la necessità di scrivere un software di tipo *portable*, che non richiede cioè una procedura d'installazione nel sistema operativo e può essere avviata anche da una memoria di massa esterna. Una pennetta USB, ad esempio.

Le librerie dinamiche sono invece file esterni che il nostro programma si occuperà di chiamare a *runtime*, cioè quando il programma parte (o persino durante l'esecuzione). Su Windows questi file hanno l'estensione *.dll*, su macOS *.dylib* mentre su Linux *.so*.

Libreria dinamica	
Lati positivi	**Lati negativi**
Gli eseguibili sono di dimensioni ridotte perché contengono solo un riferimento alla libreria	Il programma dipende dalla presenza della libreria dinamica per funzionare. Se il file della libreria viene spostato o eliminato, il programma non si avvia
Un'unica copia della libreria dinamica può essere condivisa da più programmi (meno spazio su disco e meno memoria richiesta)	È necessario distribuire la libreria assieme all'eseguibile (ce l'hai la licenza, vero?!?)
La libreria può essere aggiornata indipendentemente dal programma, senza la necessità di ricompilare quest'ultimo	Possono insorgere problemi di compatibilità e versione

Vediamo ora come creare una libreria statica in Object Pascal[4]; il processo è un po' macchinoso, ma con pazienza se ne viene fuori.
Per questo e gli altri listati che seguiranno non conviene affatto utilizzare Lazarus; il nostro beneamato IDE, purtroppo, non gestisce comodamente la creazione di librerie, sia statiche che dinamiche. Conviene piuttosto adoperare un comune editor di testo, presente in ogni distribuzione Linux Mint, come *xed* ad esempio.
Creiamo una cartella di lavoro e, per tramite del nostro editor, copiamo il seguente testo:

```
unit mialib_pascal_static;

{$mode objfpc} {$H+} // Usiamo le AnsiString per
    ↪ compatibilità

interface
uses
  ctypes; { for cint }

function somma_int(a: cint; b: cint): cint; cdecl;

implementation

function somma_int(a: cint; b: cint): cint; cdecl;
    ↪ public name 'somma_int';
begin
  somma_int := a + b;
end;
```

[4]Per questo capitolo ci servirà l'uso del Terminale.

```
end.
```

Oltre alla conosciuta direttiva {$mode objfpc}, questa volta aggiungiamo un'altra istruzione diretta al compilatore FPC. Si tratta di {$H+}.
Questa istruzione afferma che tutte le stringhe verranno viste come AnsiString (quindi come puntatori a stringhe) e non come ShortString[5].
Salviamolo e diamogli il nome di "mialib_pascal_static.pas"; d'accordo, ammetto che non sia il massimo dell'originalità e che nemmeno la funzione che abbiamo implementato sia particolarmente intelligente o interessante. Tuttavia servirà allo scopo.

Ora, dovendo esportare valori e funzioni utilizzabili anche da altri linguaggi, conviene ragionare in maniera *allargata*, per così dire.
Abbiamo caricato la unit ctypes nella solita posizione iniziale: essa si preoccupa di eliminare eventuali problemi di compatibilità tra tipi nei diversi linguaggi di programmazione. Contiene infatti tutte le definizioni dei tipi di dati più comuni nei linguaggi C e C++: interi, booleani, float, etc.

Una differenza sostanziale avviene invece con l'operatore cdecl che, a conti fatti, è una delle due novità proposte da questo listato: cdecl è quella che viene comunemente definita una convenzione di chiamata (*calling convention*) che specifica come vengono passati i parametri e gestito lo stack durante le chiamate a funzione. In un'istruzione come questa, ad esempio...

```
function Add(a, b: Integer): Integer; cdecl;
```

...quando chiamo Add(5, 10) per primo nello stack viene messo 10, poi 5.
Inoltre cdecl si assicura che il compilatore non modifichi, in alcun modo e per motivazioni oscure, il nome della funzione aggiungendo prefissi o suffissi che indichino la convenzione di chiamata o il numero di argomenti. È il sistema più comune e compatibile quando si vuole creare librerie (siano esse statiche o dinamiche) che devono essere utilizzate da codice scritto in C, C++ o altri linguaggi che supportano l'interfacciamento con il C.

Per essere ulteriormente sicuri che il compilatore FPC non cambi nome alla funzione, le cui capacità vogliamo esportare, utilizziamo il comando public name. Quando compiliamo in Object Pascal, il compilatore normalmente altera i nomi per includere informazioni interne, come unit e tipo di parametri[6]. Normalmente non ci si preoccupa di tali cose, sono tutte interne alle alchimie che competono al Free Pascal Compiler. Ad esempio, una funzione somma_int definita in una unit mialib_pascal_static potrebbe diventare nel file oggetto una cosa come:

[5] In questo caso la direttiva sarebbe stata {$H-}

[6] Questo processo viene comunemente definito *name mangling*.

```
MIALIBPASCALSTATIC$_$SOMMA_INT$LONGINT$LONGINT$$LONGINT
```

L'istruzione `public name 'somma_int'` garantirà che il nome esportato della funzione sia esattamente quello contenuto all'interno degli apici mentre `cdecl` farà in modo che venga utilizzata la stessa convenzione di chiamata usata in C.

Ora procediamo alla compilazione della nostra libreria.
Entriamo nel Terminale, posizioniamoci sulla cartella dove abbiamo riposto il nostro file "mialib_pascal_static.pas" e digitiamo:

```
fpc mialib_pascal_static.pas
```

Alla console apparirà:

Console

```
Free Pascal Compiler version 3.2.2 [2021/07/09] for x86_64
Copyright (c) 1993-2021 by Florian Klaempfl and others
Target OS: Linux for x86-64
Compiling mialib_pascal_static.pas
17 lines compiled, 0.0 sec
```

Il compilatore creerà due file:

- mialib_pascal_static.ppu
- mialib_pascal_static.o

Il file *.ppu* (acronimo di Pascal Peripheral unit) è un file binario intermedio creato dal compilatore FPC durante la costruzione delle varie `unit`: quando nel nostro codice adoperiamo la direttiva `uses`, FPC cerca i file *.ppu* delle varie `unit` incluse nel progetto. Così facendo risparmia tempo di compilazione perché non deve ri-analizzare continuamente il codice già costruito.
Il file *.o* è invece il file binario puro che darà origine alla nostra libreria statica. Per poter trasformare il nostro file *.o* in una libreria gradita a Linux, dal Terminale digitiamo questo comando:

Console

```
ar rcs libstatica.a mialib_pascal_static.o
```

Ora la nostra libreria è pronta per essere condivisa. Possiamo controllare che la funzione `somma_int` sia veramente inclusa: scriviamo sul Terminale...

```
nm -g –defined-only libstatica.a
```

...che ritornerà questo risultato.

Console

```
mialib_pascal_static.o:
...
0000000000000000 T somma_int
```

Perfetto: la funzione è stata inclusa e potremo utilizzarla nel nostro nuovo progetto.

Vogliamo vedere che funziona? Proviamo col linguaggio C, dal momento che il compilatore GCC[7] è inserito comunemente all'interno di ogni distribuzione di Linux Mint.
Allora, cominciamo col dire che, nel linguaggio C, per utilizzare la nostra libreria nuova fiammante abbiamo bisogno di un *header*, un fratello delle nostre `unit`. Dobbiamo ora riaprire il nostro editor di testo e scrivere al suo interno questo codice C:

```c
#ifndef STATICA_H
#define STATICA_H

#ifdef __cplusplus
extern "C" {
  #endif

  #include <stdint.h> // per tipi standard (int32_t, ecc.)

  int somma_int(int a, int b);

  #ifdef __cplusplus
}
#endif

```

[7]GCC è l'acronimo di GNU Compiler Collection, una suite di compilatori per vari linguaggi di programmazione, tra cui C, C++, Objective-C, Fortran, Ada e Go

```
#endif //
```

Salviamolo con il nome di "statica.h" all'interno della cartella dove è contenuto il file *libstatica.a*.
Adesso è venuto il momento di creare il vero e proprio programma che chiamerà la mirabolante funzione della nostra libreria. Sempre con l'ausilio di un semplice editor di testo scriviamo:

```
#include <stdio.h>
#include "statica.h"

int main() {
  printf("%d\n", somma_int(2, 3)); // stampa 5
}
```

Credo che il testo si commenti abbastanza da solo, non c'è molto da dire.
Chiamiamolo "main.c" ed andiamo a salvarlo nella medesima posizione di prima, dove è presente anche "statica.h".
Arrivati a questo punto dobbiamo utilizzare il Terminale e posizionarci dentro alla cartella dove sono presenti, fino adesso:

- il codice sorgente della nostra libreria: mialib_pascal_static.pas
- i file binari prodotti da Free Pascal Compiler (FPC): mialib_pascal_static.o e mialib_pascal_static.ppu
- la nostra libreria in un formato gradito a Linux: libstatica.a
- i codici sorgenti in C: statica.h e main.c

Da Terminale digitiamo la seguente riga di comando:

Console

```
gcc main.c -L. -l statica -o TestInC
```

Se tutto è andato come dovrebbe il compilatore non GCC non restituirà nessun messaggio di errore[8].

Siamo al passaggio finale, dobbiamo vedere se il nostro ultimo programma creato in linguaggio C ed assemblato con un diverso tool di sviluppo (GCC) sarà in grado di eseguire una funzione (per quanto semplice) contenuta all'interno della nostra libreria, scritta in Object Pascal e compilata con FPC.

[8]Per la verità non dirà proprio nulla...

Ce ne sono di cose che possono andare storte, no?!?
Ed invece, no! Tutto funziona correttamente perché, dando a Terminale il comando...

```
./TestInC
```

...il risultato sarà questo:

Console

```
5
```

Un laconico numero, frutto solo di una funzione che somma due valori interi, è il risultato di tutto questo tramestio. Tuttavia noi sappiamo che, in buona sostanza, si tratta di un grandissimo risultato, che permetterà anche ad altri programmatori di utilizzare il frutto del nostro operato anche in contesti di sviluppo *radicalmente* diversi da quelli che siamo soliti usare noi.
Oggi abbiamo semplicemente sommato due valori ma domani... chissà!

7.3 Librerie dinamiche

Il sistema per produrre librerie dinamiche in Object Pascal non è molto dissimile da quello adoperato per le statiche. Anche qui armiamoci di editor di testo e scriviamo:

```
library dinamica;

{$mode objfpc}

uses
  ctypes;

function somma_int(a: cint; b: cint): cint; cdecl;
    ↪ public name 'somma_int';
begin
  somma_int := a + b;
end;

exports
  somma_int;

```

```
begin
end.
```

Salviamolo col nome di "dinamica.pas" e vediamo differenze ed uguaglianze in ballo:

- il file si presenta non come una `unit` ma con l'appellativo di `library`. Questo produrrà automaticamente una libreria di tipo dinamico caratterizzata dall'estensione *.so* del file sotto il nostro sistema Linux[9].
- rimangono inalterati i concetti alla base di `cdecl` e `public name`, sempre per evitare il più possibile le incompatibilità.
- si aggiunge una sezione denominata `exports` al nostro codice sorgente. Indica al compilatore quali procedure e funzioni debbano essere esportate e quali invece no; il motivo sta nel fatto che alcune possano essere di supporto ad altre internamente al codice sorgente e che non si renda necessario renderle pubbliche.
- esiste un blocco `begin...end` che può essere usato per mille motivi come allocare risorse condivise, aprire file di configurazione, collegarsi ad un database, etc. Nella libreria statica tale compito è appannaggio di un eventuale blocco `initialization`, dal momento che la struttura base di tale modello di libreria è la `unit`.

A questo punto apriamo il nostro Terminale, portiamoci come sempre nella cartella del progetto e diamo il comando:

```
fpc dinamica.pas
```

Free Pascal Compiler risponderà in questa maniera:

Console

```
Free Pascal Compiler version 3.2.2 [2021/07/09] for x86_64
Copyright (c) 1993-2021 by Florian Klaempfl and others
Target OS: Linux for x86-64
Compiling dinamica.pas
Linking libdinamica.so
16 lines compiled, 0.1 sec
```

[9]Ricordo che per chi ha deciso di utilizzare piattaforme differenti le estensioni risulteranno altrettanto diverse. Pur tuttavia non cambia la logica di fondo.

Una libreria di tipo dinamico in Linux non necessita di essere *preparata* con il comando "arc" visto prima. Sempre tramite il nostro editor andiamo adesso a modificare gli *header* ed il codice sorgente in linguaggio C visti prima. Ecco il file "statica.h" che, per l'occasione, diventerà "dinamica.h".

```
#ifndef DINAMICA_H
#define DINAMICA_H

#ifdef __cplusplus
extern "C" {
  #endif

  #include <stdint.h> // per tipi standard (int32_t, ecc.)

  int somma_int(int a, int b);

  #ifdef __cplusplus
}
#endif

#endif
```

Praticamente non cambia nulla se non le prime due righe.
Passiamo ora al nostro file "main.c" che si presenterà quasi inalterato anche lui (cambia solo l'*header* da includere)

```
  #include <stdio.h>
  #include "dinamica.h"

  int main() {
    printf("%d\n", somma_int(2, 3)); // stampa 5
  }
```

Tutto pronto anche questo giro; per procedere alla compilazione come prima, col software GCC, sottoponiamo un comando praticamente uguale a quello già utilizzato.

Console

```
gcc main.c -L. -l dinamica -o TestInC
```

Tutto a posto? Non proprio.
GCC anche questa volta non restituirà alcun messaggio di errore ma se andiamo

ad eseguire il nostro programmino con...

```
./TestInC
```

...sarà il Terminale a lamentarsi della mancanza della libreria "libdinamica.so" con qualcosa di questo genere:

Console

```
./TestInC: error while loading shared libraries: libdinamica.so: cannot open
shared object file: No such file or directory
```

Cosa significa? Significa che Linux è abituato a cercare le librerie dinamiche in certe posizioni standard all'interno della sua vastissima serie di cartelle. Se dobbiamo imporgli di utilizzare, come percorso di ricerca, anche la stessa directory dell'eseguibile abbiamo l'obbligo di chiamare "TestInC" con questa riga di comando:

Console

```
LD_LIBRARY_PATH=. ./TestInC
```

Il risultato sarà sempre il solito 5 di prima ma questo giro l'eccezionale (!) funzione che ci restituisce la somma di due valori potrà essere utilizzata anche da qualsiasi altro programmatore senza per forza inglobare la libreria statica all'interno del proprio codice.

8

Alcune classi utili

8.1 La mamma è sempre la mamma...

Prima di proseguire nella trattazione credo sia importante illustrare alcune classi fondamentali che ogni programmatore dovrebbe conoscere perché semplificano enormemente il lavoro quotidiano.

Nel capitolo 5 abbiamo affermato che ogni classe noi andiamo ad implementare è figlia di `TObject`, la classe madre di tutto. Essa ha pochi metodi ma sono le colonne portanti di tutto il nostro sistema di sviluppo, gestiscono il supporto al polimorfismo e permettono la programmazione orientata agli oggetti.
Qualsiasi classe o tipo di dato che derivi da essa deve necessariamente fare i conti con i comandi `Create` e `Free`. Senza di essi non si fa proprio nulla.
Riprendiamo in mano la tabella con i metodi più utilizzati di questa classe:

Comando	**Descrizione**
`Create`	Costruttore base
`Free`	Deallocazione dell'oggetto
`Destroy`	Distruttore
`ClassName`	Restituisce il nome della classe come stringa
`ClassType`	Restituisce il tipo della classe a run-time
`Equals`	Confronta due oggetti
`ToString`	Rappresentazione testuale
`InheritsFrom`	Verifica l'ereditarietà a run-time

Procediamo con ordine e cominciamo ad addentrarci nei meandri di alcune classi, considerando che, nel corso di questa lettura, molte altre `unit`, funzioni, procedure e metodi hanno già fatto capolino; nei primi capitoli abbiamo già

incontrato modi per manipolare le date, le stringhe, i file in genere.
Ora andiamo ad aggiungere semplicemente qualche carta al mazzo.
È chiaro che la trattazione che seguirà non ha certo la pretesa di essere esaustiva nei confronti delle centinaia di classi di cui è composto il compilatore FPC.

8.2 Contenitori e dizionari

Le seguenti classi sono contenute nelle unit `Classes` e `Contnrs`.
Esse sono:

- `TList` → lista non tipizzata di puntatori
- `TObjectList` → variante di TList che possiede gli oggetti inseriti
- `TStringList` → gestione di liste di stringhe, con ordinamento e ricerca
- `TIniFile` → gestione avanzata di file di configurazione

8.2.1 TList

`TList` è la classe più generica per gestire liste di puntatori. Bisogna pensare ad essa come ad un array dinamico di puntatori. Non si preoccupa del tipo di dati a cui i puntatori, per l'appunto, ... *puntano*, cioè sono indirizzati: si limita a mantenere un elenco di indirizzi di memoria.
Questo la rende molto versatile ma anche più pericolosa in termini di consumo di RAM perché è il programmatore a dover gestire la memoria degli oggetti; in altre parole abbiamo l'obbligo di ricordarci di liberarli. È molto utile quando abbiamo bisogno di una lista di tipi di dati eterogenei: è una classe fondamentale, dalla quale ne derivano molte altre. Un veloce esempio:

```
program lista;

{$mode objfpc}

uses
  Classes, SysUtils;

type
  TPersona = class
    Nome: string;
    constructor Create(const ANome: string);
  end;

constructor TPersona.Create(const ANome: string);
begin
        inherited Create;
```

```
    Nome := ANome;
end;

var
  Persone: TList;
  i: Integer;

begin
  Persone := TList.Create;
  try
    Persone.Add(TPersona.Create('Anna'));
    Persone.Add(TPersona.Create('Luca'));
    Persone.Add(TPersona.Create('Maria'));

    for i := 0 to Persone.Count - 1 do
      Writeln(TPersona(Persone[i]).Nome); // cast
        ↪ necessario

    finally
      for i := 0 to Persone.Count - 1 do
        TObject(Persone[i]).Free;  // rilascio manuale
      Persone.Free;
  end;
end.
```

Alla console avremo questo risultato:

Console

Anna
Luca
Maria

Abbiamo visto un esempio di utilizzo di `TList` con puntatori a classi ma è possibile utilizzarla anche con tipi di dato diversi, ad esempio dei `record`.

```
program TListRecordExample;

{$mode objfpc}

uses
  Classes, SysUtils;

type
  TMyRecord = record
```

```
        ID: Integer;
        Name: string;
  end;

  PMyRecord = ^TMyRecord;

var
  List: TList;
  Record1, Record2: PMyRecord;
  P: PMyRecord;
  I: Integer;
begin
  List := TList.Create;
  try
    // Creazione e inizializzazione dei record
    New(Record1);
    Record1^.ID := 1;
    Record1^.Name := 'Mario Rossi';

    New(Record2);
    Record2^.ID := 2;
    Record2^.Name := 'Giulia Verdi';

    // Aggiunta dei puntatori alla lista
    List.Add(Record1);
    List.Add(Record2);

    // Iterazione e accesso ai dati
    for I := 0 to List.Count - 1 do
    begin
      P := List[I];
      Writeln('ID: ', P^.ID, ', Nome: ', P^.Name);
    end;
  finally
    // Liberare la memoria di ogni record
    for I := 0 to List.Count - 1 do
    begin
      P := List[I];
      Dispose(P);
    end;
    // Liberare la memoria della lista
    List.Free;
  end;
end.
```

Console

```
ID: 1, Nome: Mario Rossi
ID: 2, Nome: Giulia Verdi
```

L'unica cosa di cui dobbiamo *necessariamente* ricordarci è quella di eliminare tutte le variabili allocate (i cui puntatori sono inseriti nella lista) e... la lista stessa!
I metodi principali di questa classe sono:

Metodo	Descrizione
`Add(p)`	Aggiunge un elemento
`Delete(index)`	Rimuove per indice
`Remove(p)`	Rimuove per valore
`IndexOf(p)`	trova l'indice di un puntatore
`Items(i)`	Proprietà: legge o scrive un elemento all'indice.
`Clear`	Svuota la lista ma non libera la memoria degli oggetti!
`List`	Restituisce il puntatore in un determinato indice

8.2.2 TObjectList

Questa classe è molto simile a `TList` ma, a differenza della precedente, accetta solo ed esclusivamente puntatori ad *oggetti*, ereditati cioè da `TObject` e regolarmente istanziati per mezzo di un costruttore.
La sua peculiarità sta nella gestione della memoria: può essere configurata (se viene istanziata con l'argomento TRUE in sede di `Create`) per liberare automaticamente la memoria degli oggetti contenuti quando la lista viene distrutta. Il costruttore di questa classe, infatti, ha per parametro una variabile booleana (`FreeObjects`)[1] che permette di evitare la rimozione manuale degli oggetti dalla memoria, al contrario di quanto accade con `TList`.

In sintesi, `TObjectList` è una `TList` con

- funzionalità aggiuntive per la gestione della memoria
- specificità dei puntatori accettati → solo oggetti istanziati

Per poterla utilizzare dobbiamo ricordarci di inserire nel nostro codice sorgente la unit `Contnrs` Un esempio:

```
program TObjectListExample;

```

[1] Il metodo `Create` di questa classe ha un modificatore `overload`.

```
{$mode objfpc}

uses Classes, Contnrs, SysUtils;

type
  TLibro = class
    Titolo: string;
    constructor Create(const ATitolo: string);
  end;

constructor TLibro.Create(const ATitolo: string);
begin
  Titolo := ATitolo;
end;

var
  Libri: TObjectList;
  i: Integer;
begin
  Libri := TObjectList.Create(True); // True = gestisce la memoria
  try
    Libri.Add(TLibro.Create('I Promessi Sposi'));
    Libri.Add(TLibro.Create('La Divina Commedia'));
    Libri.Add(TLibro.Create('Il Nome della Rosa'));

    for i := 0 to Libri.Count - 1 do
      Writeln(TLibro(Libri[i]).Titolo);

    // Nessun Free sui singoli oggetti: ci pensa TObjectList
  finally
    Libri.Free;
  end;
end.
```

Console

```
I Promessi Sposi
La Divina Commedia
Il Nome della Rosa
```

Metodo	Descrizione
`Add(Object)`	Aggiunge un oggetto in fondo alla lista.
`Insert(index,object`	Inserisce un oggetto in una posizione specifica.
`Delete(index)`	Rimuove l'oggetto all'indice specificato. Se `FreeObjects = True`, lo distrugge.
`Remove(object)`	Rimuove la prima occorrenza di un oggetto dalla lista. Restituisce l'indice o -1 se non trovato.
`Clear`	Rimuove tutti gli oggetti dalla lista. Se `FreeObjects = True`, li distrugge tutti.
`Count`	Proprietà: numero di oggetti nella lista.
`Items[index]`	Proprietà: leggere/scrivere un oggetto all'indice.
`IndexOf(object)`	Restituisce l'indice della prima occorrenza o -1 se non trovato.
`Exchange(index,index)`	Scambia due oggetti di posizione.
`Move(index,index)`	Sposta un oggetto da CurIndex a NewIndex.
`Sort`	Ordina gli oggetti secondo una funzione di confronto.
`Capacity`	Proprietà: numero massimo di oggetti prima di ridimensionare la lista.
`Grow`	Aumenta la capacità della lista.
`List`	Proprietà ereditata da `TList`: puntatore all'array interno di oggetti `PPointerList`.

8.2.3 TStringList

`TStringList` è una specializzazione per gestire liste di stringhe con funzionalità aggiuntive come ordinamento e coppie nome-valore. Risulta comodissima, assieme a `TIniFile` per scrivere e leggere file di configurazione, dal momento che implementa il concetto di dizionario.
L'abbiamo già incontrata in uno dei precedenti capitoli, limitatamente all'utilizzo dei file.

```
program listaStringhe;

{$mode objfpc}

uses
```

```
  Classes, SysUtils;

var
  Lista: TStringList;
  i: Integer;

begin
  Lista := TStringList.Create;
  try
    Lista.Add('Viti');
    Lista.Add('Dadi');
    Lista.Add('Bulloni');

    Lista.Sort; // Ordina alfabeticamente

    for i := 0 to Lista.Count - 1 do
      Writeln(Lista[i]);

  Lista.SaveToFile('frutta.txt'); // salva su file

  finally
    Lista.Free;
  end;
end.
```

Nella cartella del nostro file eseguibile avremo un comodo file chiamato "frutta.txt" con all'interno lo stesso output della console, e cioè...

Console

```
Bulloni
Dadi
Viti
```

Per poter gestire anche i dizionari di valori, cioè stringhe formate secondo un modello *chiave=valore*, è sufficiente utilizzare il metodo `NameValueSeparator`, atto allo scopo.

```
program dizionarioComodo;

{$mode objfpc}

uses
  Classes, SysUtils;

```

```
var
  Diz: TStringList;
  Prezzo: string;
  i:integer;

begin
  Diz := TStringList.Create;
  try
    // imposto il separatore tra chiave e valore
    Diz.NameValueSeparator := '=';

    // aggiungo elementi chiave=valore
    Diz.Add('Bulloni=10');
    Diz.Add('Dadi=5');
    Diz.Add('Viti=7');

    // leggo un valore dato il nome
    Prezzo := Diz.Values['Bulloni'];
    Writeln('Prezzo del bullone: ', Prezzo);

  // scorro tutte le coppie
  for i := 0 to Diz.Count - 1 do
    Writeln('Chiave: ', Diz.Names[i], '  Valore: ', Diz.
        ↪ ValueFromIndex[i]);
  Diz.SaveToFile('dizionario.txt');
  WriteLn('Ho scritto un file di configurazione');
  finally
    Diz.Free;
  end;
end.
```

Console

```
Prezzo del bullone: 10
Chiave: Bulloni Valore: 10
Chiave: Dadi Valore: 5
Chiave: Viti Valore: 7
Ho scritto un file di configurazione
```

Vediamone i metodi principali:

Metodo	Descrizione
`Add(s)`	Aggiunge una stringa in fondo alla lista

Metodo	Descrizione
`Insert(pos,s)`	Inserisce una stringa in una posizione specifica
`Delete(index)`	Rimuove la stringa all'indice specificato
`Clear`	Svuota tutta la lista
`IndexOf(s)`	Restituisce l'indice della stringa S o -1 se non trovata
`Exchange(index,index)`	Scambia due stringhe nella lista
`Sort`	Ordina alfabeticamente la lista
`Find`	Ricerca binaria (richiede Sorted := True)
`LoadFromFile(F)`	Carica da file di testo
`SaveToFile(F)`	Salva su file di testo
`LoadFromStream(F)`	Carica da stream (memoria, rete, ecc.)
`SaveToStream(F)`	Salva da stream (memoria, rete, ecc.)
`AddObject`	Aggiunge una stringa associando un oggetto
`Objects`	Accede all'oggetto associato a una stringa
`Values`	Restituisce o imposta il valore associato a una chiave (richiede `NameValueSeparator`)
`IndexOfName`	Restituisce l'indice di una chiave in formato *chiave=valore*
`Names[index]`	Restituisce la chiave dell'elemento *chiave=valore*
`ValueFromIndex[index]`	Restituisce il valore dell'elemento *chiave=valore*

8.2.4 TIniFile

Sono sicuro che, da qualche parte, li avete già visti: sono i file *.ini*, strane creature che popolano (particolarmente sui sistemi Windows e Linux) molte delle directories presenti nel sistema.

Sono file di configurazione per moltissimi programmi; si manifestano come semplici file di testo divisi in sezioni.
Ecco come si possono presentare:

```
[Sezione1]
; Una riga di commento
Parametro1 = qui andrà il valore del parametre
Parametro2 = qui un altro valore, ad esempio
```

```
[Sezione2]
; Esempi di dati scrivibili
dataFolder = /usr/share/myApplication
lastUser = Riccardo
```

Sono in verità molto comodi da utilizzare per creare salvataggi per i nostri dati oppure facili file di configurazione. La sua unit di riferimento è `IniFiles`.
Questa classe opera a basso livello per cui non salva automaticamente le modifiche su disco. Per renderle permanenti è necessario chiamare il metodo `UpdateFile` oppure un `Write...` (ad esempio, `WriteString`, `WriteInteger`, `WriteBool`) che scrivono direttamente sul file.
Un aspetto importante di `TIniFile` è il suo costruttore: quando creiamo un'istanza di questa classe, dobbiamo specificare il percorso del file *.ini* su cui operare. Inutile dire che è auspicabile inserire il tutto all'interno di `try...finally`. Vediamo un esempio all'opera:

```
program SimpleIniDemo;

{$mode objfpc}{$H+}

uses
  SysUtils, IniFiles;

var
  Ini: TIniFile;
  Nome: string;
  Eta: Integer;
  Sposato: boolean;

begin
  try
    Ini := TIniFile.Create('config.ini');
    // Scrittura
    Ini.WriteString('Utente', 'Nome', 'Riccardo');
    Ini.WriteInteger('Utente', 'Eta', 48);
    Ini.WriteBool('Utente','Sposato',TRUE);

    // Lettura dal file 'config.ini'
    Nome := Ini.ReadString('Utente', 'Nome', '
        ↪ Sconosciuto');
    Eta := Ini.ReadInteger('Utente', 'Eta', 0);
    sposato := Ini.ReadBool('Utente','Sposato',FALSE);
    Writeln('Nome: ', Nome);
    Writeln('Eta: ', Eta);
    if sposato=TRUE then
```

```
      WriteLn('Per la miseria, si è sposato!')
    else
      WriteLn('No, è ancora celibe!');
  finally
    Ini.Free;
  end;
end.
```

Console

Nome: Riccardo
Eta: 48
Per la miseria, si è sposato!

Illustriamo qualche metodo:

Metodo	Descrizione
`Create(s)`	Crea un'istanza di TIniFile e la associa al file specificato.
`ReadString(s1,s2,s3)`	Legge una stringa.
`ReadInteger(s1,s2,i)`	Legge un numero intero.
`ReadBool(s1,s2,b)`	Legge un valore booleano.
`ReadFloat(s1,s2,f)`	Legge un numero in virgola mobile.
`WriteString(s1,s2,s3)`	Scrive una stringa.
`WriteInteger(s1,s2,i)`	Scrive un numero intero.
`WriteBool(s1,s2,b)`	Scrive un valore booleano.
`WriteFloat(s1,s2,f)`	Scrive un numero in virgola mobile.
`EraseSection(s)`	Cancella un'intera sezione, inclusi tutte le chiavi e i valori al suo interno.
`DeleteKey(s1,s2)`	Elimina una singola *coppia chiave-valore*.
`ReadSection(s1,ts,ts)`	Legge tutti i nomi delle chiavi di una sezione e li carica in un oggetto `TStrings`.
`UpdateFile`	Salva le modifiche su disco. Non più necessario con i metodi Write* moderni, ma utile per compatibilità o per salvare modifiche massive.

8.3 Uno sguardo online

Se si cerca nel World Wide Web ci sono moltissime classi e `unit` aggiuntive relative a come accedere ai vari servizi che Internet propone.
Vediamo qui alcune di esse già presenti all'interno di FPC:

- le classi `TJSON*` → utili per gestire i JavaScript Object Notation
- `TURI` → serve per manipolare indirizzi Internet
- `TXMLDocument` → legge e scrive documenti XML

8.3.1 TJSON*

Quando parliamo di JSON non indichiamo il terrificante personaggio di un noto franchise di film horror quanto di un modo molto semplice e versatile per scambiare dati tra diversi sistemi.

JSON è una sigla che sta per *JavaScript Object Notation* e si tratta di un formato di file basato su testo, quindi facilmente leggibile da tutti, sia da esseri umani che dai computer. Per molti versi può essere assimilato ai file .ini di cui abbiamo parlato prima ma il loro ambito di utilizzo è differente.
Ad esempio, quando ci divertiamo a comprare qualcosa attraverso la nostra app preferita tramite il nostro fido smartphone, l'applicazione invia il nostro input al server in formato JSON; il server elabora i dati e restituisce una risposta (sempre in formato JSON), che viene quindi visualizzata sul nostro telefonino.

Non esiste un'unica classe per la gestione di questo tipo di file ma una pluralità di esse, che ereditano tutte dalla classe madre `TJSONData`:

- `TJSONObject` → rappresenta un oggetto in forma *chiave-valore* ({"chiave":valore})
- `TJSONArray` → un array in formato JSON ([valore1, valore2])
- `TJSONString`, `TJSONIntegerNumber`, `TJSONFloatNumber`... → classi per valori semplici

Le `unit` per poter lavorare con questo tipo di dati sono principalmente due: `fpjson` e `jsonparser`.
Per poter fare un esempio, per prima cosa, creiamo un semplice file di testo da inserire nella nostra abituale cartella dove inseriamo i nostri listati: lo chiameremo "rubrica.json".

```
{
  "contatti" : [
  {
    "nome" : "Anna",
```

```
        "telefono" : "123456789",
        "email" : "anna@example.com"
    },
    {
        "nome" : "Marco",
        "telefono" : "987654321",
        "email" : "marco@example.com"
    }
    ]
}
```

Non lasciatevi ingannare dalla solita semplicità degli esempi: avremmo potuto disporre, se avessimo fatto una richiesta ad un database aziendale, di numeri fatture, ordini ed un buon migliaio di altre cose. Preferisco tuttavia restare sul semplice e concentrarsi su quello che può essere davvero utile imparare.
Ed ora il nostro programma:

```
program JSONReadExample;

{$mode objfpc}{$H+}

uses
  SysUtils, fpjson, jsonparser, Classes;

var
  Data: TJSONData;
  Root: TJSONObject;
  Contacts: TJSONArray;
  Contact: TJSONObject;
  i: Integer;
  SL: TStringList;

begin
  WriteLn('Lettura da file "rubrica.json"...');

  // Carichiamo il file
  SL := TStringList.Create;
  try
    SL.LoadFromFile('rubrica.json');
    Data := GetJSON(SL.Text);
  finally
    SL.Free;
  end;

  try
    Root := TJSONObject(Data);
```

```
      Contacts := Root.Arrays['contatti'];

      WriteLn('Contatti trovati: ', Contacts.Count);
        for i := 0 to Contacts.Count - 1 do
        begin
          Contact := Contacts.Objects[i];
          WriteLn('------------------');
          WriteLn('Nome: ', Contact.Strings['nome']);
          WriteLn('Telefono: ', Contact.Strings['telefono']);
          WriteLn('Email: ', Contact.Strings['email']);
        end;

    finally
      Data.Free;
    end;
  end.
```

Console

```
Lettura da file "rubrica.json"...
Contatti trovati: 2
------------------
Nome: Anna
Telefono: 123456789
Email: anna@example.com
------------------
Nome: Marco
Telefono: 987654321
Email: marco@example.com
```

Forse i più attenti tra di voi si saranno accorti di un piccolo dettaglio: mancano le istanze delle classi! Dove sono le chiamate ai costruttori per i `TJSONArray` e `TJSONObject` (precisamente `Contacts` e `Contact`?)

Non si tratta di un errore ma semplicemente di uno stratagemma molto ingegnoso.

Facciamo un esempio: immaginiamo di aver chiesto ad un database, tramite un'applicazione, la situazione contabile di un cliente (fatture da pagare, già quietanzate, eventuali acconti versati, etc.). Come si fa a sapere in anticipo da quali dati sarà composto un file JSON? Ci saranno acconti versati oppure no, tanto per dire? E le fatture? Non lo sappiamo.

In altri termini, non conosciamo assolutamente nulla a priori.

Ecco perché, ad istanziare implicitamente le classi, rendendole veri e propri oggetti, è il *parser* cioè il metodo `GetJSON` alla riga 23.
Questo metodo deve tradurre la struttura testuale del JSON in una disposizione gerarchica di oggetti in memoria, creando tutto l'albero delle variabili presenti nel file. È palese che, trattandosi di un cliente, non andiamo a domandargli il numero di scarpe ma, eventualmente, la situazione relativa ad una fattura.
Se invece avessimo dovuto creare noi un file di tipo JSON da dare in pasto ad un database, allora in quel caso avremmo dovuto utilizzare i nostri soliti costruttori.
Qui un picolo listato che ci tornerà utile: permette di illustrarci l'intero albero di un file JSON che chiamaremo "mioFile.json", tanto per comodità.

```
program JSONExplorer;

{$mode objfpc}{$H+}

uses
  SysUtils, Classes, fpjson, jsonparser;

procedure ExploreJSON(Data: TJSONData; Indent: Integer = 0);
var
  i: Integer;
  Obj: TJSONObject;
  Arr: TJSONArray;

begin
  // Stampa spazi per indentazione
  Write(StringOfChar(' ', Indent * 2));

  case Data.JSONType of
  jtObject:
    begin
      Obj := TJSONObject(Data);
      WriteLn('Object {');
      for i := 0 to Obj.Count - 1 do
      begin
        Write(StringOfChar(' ', (Indent + 1) * 2));
        Write(Obj.Names[i], ': ');
        ExploreJSON(Obj.Items[i], Indent + 1);
      end;
      WriteLn(StringOfChar(' ', Indent * 2), '}');
    end;

  jtArray:
    begin
      Arr := TJSONArray(Data);
```

```
      WriteLn('Array [');
      for i := 0 to Arr.Count - 1 do
      begin
        ExploreJSON(Arr.Items[i], Indent + 1);
      end;
      WriteLn(StringOfChar(' ', Indent * 2), ']');
    end;

  jtString:  WriteLn('"', Data.AsString, '"');
  jtNumber:  WriteLn(Data.AsString);
  jtBoolean: WriteLn(Data.AsString);
  jtNull:    WriteLn('null');
  end;
end;

var
  SL: TStringList;
  Data: TJSONData;

begin
  SL := TStringList.Create;
  try
    SL.LoadFromFile('mioFile.json');  // qualunque JSON
    Data := GetJSON(SL.Text);
  finally
    SL.Free;
  end;

  try
    ExploreJSON(Data, 0);
  finally
  Data.Free;
  end;
end.
```

Qualche metodo utile:

Classe	Metodo	Descrizione
`TJSONData`	`AsJSON`	Restituisce il JSON in formato compatto
	`FormatJSON`	Restituisce il JSON indentato
	`JSONType`	Tipo del nodo (`jtObject`, `jtArray`, `jtString`, etc.)
`TJSONObject`	`Add(Name, Value)`	Aggiunge un campo

Classe	Metodo	Descrizione
	Strings['chiave']	Ritorna stringa
	Integers['chiave']	Ritorna intero
	Floats['chiave']	Ritorna float
	Booleans['chiave']	Ritorna boolean
	Arrays['chiave']	Ritorna array
	Objects['chiave']	Ritorna oggetto
	FindPath('a.b.c')	Naviga JSON annidato
TJSONArray	Add(Value)	Aggiunge un elemento
	Items[i]	Accesso generico a elemento
	Strings[i]	Restituisce stringa in posizione i
	Integers[i]	Restituisce intero
	Objects[i]	Restituisce oggetto
	Count	Numero di elementi

8.3.2 TURI

Finora ci siamo sempre confrontati con delle classi ma non è detto che tutti gli aiuti possibili debbano arrivare solo da quel tipo di dato: `TURI` è infatti un `record` ma ci dà una grande mano nel gestire gli indirizzi Internet, quelli che vengono comunemente chiamati URL.
In poche parole, gli indirizzi delle pagine Web, unitamente ai protocolli utilizzati per arrivarci. La unit da aggiungere, in questo caso, è `UriParser`.
Vediamo come:

```
program demo_turi;

{$mode objfpc}{$H+}

uses UriParser;

var
  U: TURI;

begin
  U := ParseURI('https://user:pass@www.example.com:8080/
    ↪ path/page.html?id=10#top');
  WriteLn('Protocol    : ', U.Protocol);
```

```
  WriteLn('Username    : ', U.Username);
  WriteLn('Password    : ', U.Password);
  WriteLn('Host        : ', U.Host);
  WriteLn('Port        : ', U.Port);
  WriteLn('Path        : ', U.Path);
  WriteLn('Document    : ', U.Document);
  WriteLn('Params      : ', U.Params);
  WriteLn('Bookmark    : ', U.Bookmark);
  WriteLn;
end.
```

Console

Protocol : https
Username : user
Password : pass
Host : www.example.com
Port : 8080
Path : /path/
Document : page.html
Params : id=10
Bookmark : top

8.3.3 TXMLDocument

Altro modo di poter scambiare i dati con altri applicativi è rappresentato da XML, *eXtensible Markup Language*.
È un sistema elegante, gerarchico e rigoroso che si basa, grossomodo, sulle logiche applicative di HTML, il linguaggio utilizzato per la creazione delle pagine web. Tuttavia se HTML definisce una grammatica precisa per le finalità cui è stato creato, XML è una sorta di metalinguaggio per documenti strutturati.
`TXMLDocument` è una classe che si trova all'interno di tre unit precise: `DOM`, `XMLRead` e `XMLWrite`. Vediamo come poter interagire con queste strutture.

```
program XMLWriteDemo;

{$mode objfpc}

uses
  Classes, SysUtils, DOM, XMLWrite, XMLRead;

var
```

```
  Doc: TXMLDocument;
  Root, Child: TDOMElement;
  TextNode: TDOMText;

begin

  // Creiamo un nuovo documento XML
  Doc := TXMLDocument.Create;

  // Nodo radice <library>
  Root := Doc.CreateElement('library');
  Doc.AppendChild(Root);

  // Nodo figlio <book>
  Child := Doc.CreateElement('book');
  Root.AppendChild(Child);

  // Attributo del nodo <book title="Object Pascal a modo mio">
  Child.SetAttribute('title', 'Pascal Programming');

  // Testo interno al nodo <book>
  TextNode := Doc.CreateTextNode('Un libro introduttivo su Object Pascal.');
  Child.AppendChild(TextNode);

  // Salvataggio su file
  WriteXMLFile(Doc, 'library.xml');
  Writeln('File library.xml creato.');

  // Libera memoria
  Doc.Free;
end.
```

Il messaggio alla console sarà piuttosto laconico...

Console

```
File library.xml creato.
```

Se tuttavia andiamo ad aprire, con un editor di testo, il file *library.xml* troveremo questo:

```
<?xml version="1.0" encoding="utf-8"?>
<library>
<book title="Object Pascal a modo mio">Un libro introduttivo su Object Pascal.</book>
</library>
```

Da qui in poi possiamo sbizzarrirci a creare tutti i file di tipo XML che vogliamo; ma se invece volessimo leggerli?

```
program XMLReadDemo;

{$mode objfpc}

uses
  Classes, SysUtils, DOM, XMLRead;

var
  Doc: TXMLDocument;
  Root, Book: TDOMNode;

begin

  // Leggiamo il file XML esistente
  ReadXMLFile(Doc, 'library.xml');

  // Nodo radice
  Root := Doc.DocumentElement;  // <library>
  Writeln('Radice: ', Root.NodeName);

  // Primo figlio <book>
  Book := Root.FirstChild;
  Writeln('Elemento: ', Book.NodeName);
  Writeln('Attributo title: ', TDOMElement(Book).GetAttribute('title'));
  Writeln('Testo interno: ', Book.FirstChild.NodeValue);

  // Libera memoria
  Doc.Free;
end.
```

Il risultato sarà:

Console

```
Radice: library
Elemento: book
Attributo title: Object Pascal a modo mio
Testo interno: Un libro introduttivo su Object Pascal.
```

Da notare, anche questo giro, che non abbiamo istanziato nulla: manca un

```
Doc:=TXMLDocument.Create;
```

La motivazione è analoga alla precedente riguardo ai file di tipo JSON: non conosciamo la struttura del file a priori. Dobbiamo utilizzare la procedura `ReadXMLFile`, che crea e popola automaticamente l'oggetto `TXMLDocument` a partire dal contenuto XML.
Non siamo noi ad utilizzare il costruttore: il parser legge il file e genera l'albero DOM completo, restituendo già pronto il nostro oggetto `Doc`.
Se volessimo andare un po' più in profondità ci accorgeremmo, leggendo la documentazione, che la procedura responsabile di questo comportamento è `ReadXMLFile`:

```
procedure ReadXMLFile(out ADoc: TXMLDocument; const
    ↪ AFilename: WideString); overload;
```

Come primo parametro viene dato il documento stesso ma con il modificatore `out` che abbiamo visto precedentemente: ciò comporta che all'interno della procedura viene creato un nuovo `TXMLDocument` ed assegnato ad `ADoc`.

Metodo	**Descrizione**
`ReadXMLFile(ADoc,F)`	Procedura che crea e popola un oggetto TXMLDocument leggendo da un file XML. L'oggetto viene assegnato tramite parametro out, quindi non è necessario (anzi va evitato) chiamare Create manualmente prima della lettura
`WriteXMLFile(Doc,F)`	Salva il documento XML rappresentato da Doc su file.
`DocumentElement`	Proprietà che rappresenta il nodo *root* del documento XML.

Metodo	Descrizione
`CreateElement(Name)`	Crea un nuovo elemento XML (TDOMElement) associato al documento.
`CreateTextNode(Value)`	Crea un nuovo nodo di testo (contenuto testuale).
`AppendChild(Node)`	Aggiunge un nodo figlio al documento o a un altro nodo.
`SetAttribute(Name, Value)`	Assegna un attributo a un elemento (es. title="...").
`GetAttribute(Name)`	Restituisce il valore dell'attributo specificato da un elemento.
`GetElementsByTagName(TagName)`	Restituisce una lista di nodi (TDOMNodeList) con il nome specificato.
`TextContent`	Proprietà di TDOMNode che restituisce il contenuto testuale del nodo e dei suoi figli (utile per ottenere il testo interno).
`FindNode(NodeName)`	Cerca un nodo figlio con quel nome a partire da DocumentElement, ma solo a livello immediato — non cerca in profondità.
`Free`	Metodo per liberare la memoria occupata dal documento XML. Sempre necessario chiamarlo dopo Create o dopo ReadXMLFile.

9

Un esempio concreto

9.1 Il modello MVC

In questo capitolo affronteremo un progetto più strutturato: svilupperemo infatti un motore database senza appoggiarci ad alcuna soluzione esterna.
Sarà una cosa un po', come dire, fatta in casa con lo scopo di contestualizzare e rendere meno astratti concetti che potrebbero sembrarlo, come le classi e le proprietà. Il tutto secondo la logica di costruzione MVC.

MVC è un acronimo inglese per *Model-View-Controller*, un paradigma di programmazione che, sebbene si sia presentato alla ribalta negli ultimi vent'anni, affonda le sue radici nell'informatica più antica.
Si inizia a parlare di MVC intorno alla fine degli anni '70, ma la sua evoluzione e diffusione è stata graduale: il termine venne introdotto per la prima volta nel 1979 dal computer scientist norvegese Trygve Reenskaug mentre lavorava al Xerox Palo Alto Research Center (PARC) con il linguaggio Smalltalk-79. L'idea di Reenskaug era quella di di separare la logica dei dati (*Model*) dalla presentazione (*View*) e dal controllo degli eventi dell'utente (*Controller*), rendendo il software più modulare e manutenibile.
Durante gli anni '80 e '90, il modello si diffuse principalmente nell'ambito delle applicazioni desktop di altissima fascia, specialmente con Smalltalk e successivamente con altri linguaggi orientati agli oggetti. Il vero momento di svolta per MVC fu con l'esplosione del web development: Java, Ruby on Rails, PHP ed altri linguaggi iniziarono ad usarlo in maniera importante[1].
Si può quindi dire che l'affermazione di questo paradigma di programmazione trovò il suo momento d'oro dopo l'esplosione del World Wide Web, a partire dal 2005-2010 circa.

[1]Anche ambienti e linguaggi di programmazione meno *web-oriented* come Objective-C di Apple iniziarono a farne largo uso a partire dalle prime versioni di MacOS X.

Ma di che cosa si tratta, effettivamente?
Abbiamo detto che il modello MVC (*Model-View-Controller*) è un pattern architetturale fondamentale nello sviluppo software che separa un'applicazione in tre componenti principali interconnessi. Questa separazione aiuta a organizzare il codice in modo più strutturato.

- *Model* (Modello) → rappresenta i dati dell'applicazione. Si occupa di gestire le informazioni e l'interazione con il database. È indipendente dall'interfaccia utente e contiene la "sostanza" dell'applicazione.
- *View* (Vista) → è responsabile della presentazione dei dati all'utente. Si tratta dell'interfaccia utente che mostra le informazioni provenienti dal Model. Può essere una pagina web, una finestra desktop, una sessione del Terminale o qualsiasi altro elemento di visualizzazione.
- *Controller* (Controllore) → funge da intermediario tra Model e View. Riceve gli input dell'utente dalla View, li elabora (spesso interagendo con il Model), e determina quali aspetti e dati debbano essere mostrati nella View. Gestisce il flusso dell'applicazione e coordina le interazioni.

Il tipico flusso in un'architettura MVC segue questo schema: l'utente interagisce con la View, che invia la richiesta al Controller. Il Controller elabora la richiesta, eventualmente aggiorna il Model o recupera dati da esso, e infine determina quale View mostrare all'utente con i dati aggiornati.

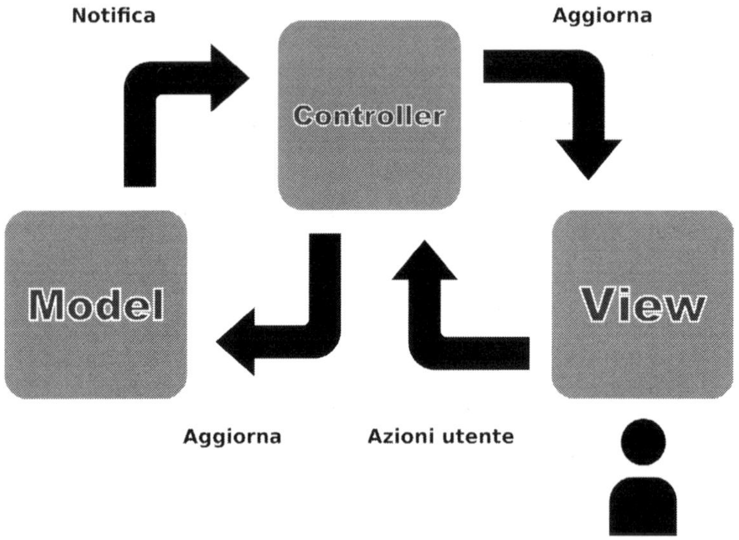

Il tipico comportamento di un modello MVC

Per meglio intenderci possiamo fare un'analogia con il funzionamento di un ristorante, magari sempre quello di Abelarda che abbiamo illustrato nel secondo capitolo.
Il *Model*, in quel caso, è la cucina (dove si preparano i piatti e si gestiscono i singoli ingredienti) mentre la *View* è costuita dalla sala pranzo e dal menu col quale l'utente interagisce. Infine il *Controller* è il malcapitato cameriere che prende l'ordine, lo porta in cucina e serve il piatto solo quando i cuochi hanno terminato la preparazione.[2]
Ecco quindi la novità costituita dal ragionamento di Reenskaug: una strategia simil *dividi et impera* per gestire il flusso dell'informazione. Il cliente non sa come venga preparato un risotto ai frutti di mare, non gli interessa: non gestisce le abilità dei cuochi e non può nemmeno chiedere che sia preparato da uno chef piuttosto che un altro. È semplicemente interessato al risultato che apparirà nel piatto portato dal personale di sala; nella cucina di Abelarda la ricetta per il risotto potrà cambiare ma sia il cameriere che il cliente non avranno alcuna voce in capitolo.

Proviamo a visualizzare il concetto in un altra maniera.
Facciamo finta che l'azienda per cui lavoriamo ogni giorno adoperi soluzioni fornite da Oracle per quel che riguarda la gestione dei database aziendali; il nostro compito consiste nell'interrogare quei database, tramite delle finestre e delle maschere a video, la nostra *View*. Un bel giorno il reparto informatico dell'azienda decide di utilizzare non più il motore database fornito da Oracle ma uno implementato e venduto da Microsoft, ad esempio. Se il programma che siamo soliti adoperare è stato implementato con il paradigma MVC, a video non noteremmo alcuna differenza: il lavoro continuerebbe nella stessa identica maniera, giacché sarebbe cambiato il *Model*, non il *Controller* o la *View*. Sarebbe cambiata la base dati, i suoi meccanismi interni, ma non il modo di accedervi.

Ora iniziamo la stesura del nostro programma che consterà di un modulo base e di altre 3 `unit`:

- Programma base e principale eseguibile → MiniDatabase.pas
  Sarà il programma che daremo in pasto al compilatore
- `unit` che gestisce l'aspetto del *Model* → UnitModel.pas
- `unit` che gestisce la *View* → UnitView.pas
- `unit` che gestisce il *Controller* → UnitController.pas

In questo capitolo ci saranno dei listati molto lunghi; personalmente suggerisco di scriverli a mano in Lazarus oppure con l'ausilio di un editor di testo di vostra preferenza. Tuttavia, se non vorrete scriverli, optando per la nobile arte del copia ed incolla, potrete trovarli al mio sito internet www.riccardosantato.net nella sezione dedicata a questo libro.

[2] Il tutto rigorosamente condito dagli improperi dei clienti.

9.1.1 MiniDatabase.pas

Iniziamo scrivendo il nostro programma principale, che chiameremo "MiniDatabase.pas"

```
program MiniDatabase;

{$mode objfpc}{$H+}

uses
  UnitModel, UnitView, UnitController;

var
  DB: TDatabase;
  View: TView;
  Controller: TController;

begin
  DB := TDatabase.Create;
  View := TView.Create;
  Controller := TController.Create(DB, View);
  Controller.Menu;
  Controller.Free;
  View.Free;
  DB.Free;
end.
```

Non c'è molto da dire in questo file principale: ci sono solo creazioni di classi contenute in altre `unit` e rimozione delle stesse una volta terminato il programma. È presente una sola vera procedura

```
Controller.Menu;
```

responsabile di quello che apparirà nell'interfaccia utente: la vedremo in seguito. La vera bomba arriva adesso, la `unit` più lunga: UnitModel.pas, responsabile di gestire i dati e la logica (tabelle, righe, database)

9.1.2 UnitModel.pas

Via che andiamo con la `unit` più impegnativa...

```
unit UnitModel;

{$mode objfpc}{$H+}

```

```
interface

uses
  Classes, SysUtils;

type
  TRow = class
  private
    FValues: TStringList;
  public
    constructor Create;
    destructor Destroy; override;
    procedure AddValue(const AValue: string);
    function GetValue(Index: Integer): string;
  end;

  TTable = class
  private
    FName: string;
    FColumns: TStringList;
    FRows: TList;
  public
    constructor Create(const AName: string);
    destructor Destroy; override;
    procedure AddColumn(const ColumnName: string);
    procedure InsertRow(const Values: array of string);
    property Name: string read FName;
    property Columns: TStringList read FColumns;
    property Rows: TList read FRows;
end;

  TDatabase = class
  private
    FTables: TList;
  public
    constructor Create;
    destructor Destroy; override;
    function CreateTable(const Name: string; const Columns: array of string): TTable;
    function GetTable(const Name: string): TTable;
  end;

implementation

constructor TRow.Create;
begin
  FValues := TStringList.Create;
```

```
end;

destructor TRow.Destroy;
begin
  FValues.Free;
  inherited Destroy;
end;

procedure TRow.AddValue(const AValue: string);
begin
  FValues.Add(AValue);
end;

function TRow.GetValue(Index: Integer): string;
begin
  Result := FValues[Index];
end;

constructor TTable.Create(const AName: string);
begin
  FName := AName;
  FColumns := TStringList.Create;
  FRows := TList.Create;
end;

destructor TTable.Destroy;
var
  i: Integer;

begin
  for i := 0 to FRows.Count - 1 do
    TObject(FRows[i]).Free;
  FRows.Free;
  FColumns.Free;
  inherited Destroy;
end;

procedure TTable.AddColumn(const ColumnName: string);
begin
  FColumns.Add(ColumnName);
end;

procedure TTable.InsertRow(const Values: array of
   ↪ string);
var
  Row: TRow;
  i: Integer;

```

```
begin
  if Length(Values) <> FColumns.Count then
    raise Exception.Create('Numero di valori non corrisponde alle colonne');
  Row := TRow.Create;
  for i := 0 to High(Values) do
    Row.AddValue(Values[i]);
  FRows.Add(Row);
end;

constructor TDatabase.Create;
begin
  FTables := TList.Create;
end;

destructor TDatabase.Destroy;
var
  i: Integer;

begin
  for i := 0 to FTables.Count - 1 do
    TObject(FTables[i]).Free;
  FTables.Free;
  inherited Destroy;
end;

function TDatabase.CreateTable(const Name: string; const Columns: array of string): TTable;
var
  i: Integer;

begin
  Result := TTable.Create(Name);
  for i := 0 to High(Columns) do
    Result.AddColumn(Columns[i]);
  FTables.Add(Result);
end;

function TDatabase.GetTable(const Name: string): TTable;
var
  i: Integer;

begin
  Result := nil;
  for i := 0 to FTables.Count - 1 do
    if TTable(FTables[i]).Name = Name then
  Exit(TTable(FTables[i]));
```

```
end;
end.
```

Non fatevi prendere dal panico per queste pagine di listato, in verità è tutto abbastanza lineare.

Fondamentalmente andiamo a definire un database secondo un modello *bottom → up*, cioè dal basso verso l'alto, dal componente più piccolo al più grande.
Per prima disegnamo una classe TRow, la riga di una tabella nel nostro database. Con la visibilità di tipo private abbiamo indicato FValues, di tipo TStringList, la lista di puntatori a stringhe di cui abbiamo parlato nel capitolo precedente.

Successivamente creiamo il tipo tabella, con altre tre variabili private, FName, FColumns e FRows. Sebbene non rappresenti affatto un obbligo[3], risulta buona consuetudine iniziare i campi privati di una classe con la lettera "F" (FColumns, FRows, FValues etc.).
La lettera "F" sta per *field*, quindi FName diventerebbe *Field Name*, campo privato utilizzato dalla classe a cui si accede tramite la property Name; per la verità in questo esempio avremmo potuto utilizzare anche qualcosa di più semplice, tipo

```
public
  Name:string;
```

Nel listato infatti non facciamo alcun controllo se la variabile Name sia corretta o meno: sarebbe accettabile anche uno spazio vuoto, nel nostro caso, cosa che non dovrebbe accadere. Più corretto sarebbe stato scrivere...

```
property Name: string read FName write SetName;
```

...ed implementare una procedura come

```
procedure TTable.SetName(const AValue: string);
begin
  if AValue = '' then
    raise Exception.Create('Il nome della tabella non pu
        ↪ ò essere vuoto!');
  FName := AValue;
end;
```

Tuttavia il senso di questo esempio è quello di mettere insieme diversi aspetti della programmazione affrontati in questo manuale, per far notare che questo linguaggio

[3]Abbiamo infatti visto che Object Pascal è quantomai permissivo in termini di nomi dati ai tipi e alle variabili.

mantiene un grado di leggibilità senza pari anche di fronte a situazioni complesse. Queste in generale le consuetudini più comuni:

Tipo di campo	Iniziale comune	Esempio
Campo privato (`private`)	F	FInventario
Tipo di dato (`type`)	T	TInventario
Variabile comune	nessuna in particolare	Inventario

Il terzo tipo è rappresentato dal tipo `TTable`, il quale utilizza il campo `FTables` di tipo `TList`, visto in precedenza. Se vi ricordate la classe `TList` deve essere gestita manualmente in fase di eliminazione delle risorse allocate: lo potete vedere a partire dalla riga 116

```
116 begin
117   for i := 0 to FTables.Count - 1 do
118     TObject(FTables[i]).Free;
119   FTables.Free;
120   inherited Destroy;
121 end;
```

I metodi e le variabili principali di questa `unit` sono stati:

Classe	Metodo	Descrizione
`TRow`	`FValues`	Contiene i valori della riga
	`AddValue`	Inserisce un valore
	`GetValue`	Restituisce un valore ad un indice specifico
`TTable`	`FColumns`	Memorizza i nomi delle colonne
	`FRows`	memorizza gli oggetti di tipo `FRow`
`TTable`	`FTables`	Memorizza le tabelle
	`GetTable`	Restituisce una tabella specifica

9.1.3 UnitController.pas

Il *Controller* gestisce il menu e l'interazione con l'utente: implementa un menu a scelta multipla (con `ReadLn`), dove l'utente può decidere se creare una tabella, inserire dati, visualizzare.
Nessuna generazione di dati: vengono tutti passati al *Model*.
Nessuna visualizzazion di essi: di ciò si occupa la *View*.

```
unit UnitController;

{$mode objfpc}{$H+}

interface

uses
  SysUtils, Classes, UnitModel, UnitView;

type
  TController = class
  private
    FDB: TDatabase;
    FView: TView;
  public
    constructor Create(ADB: TDatabase; AView: TView);
    procedure Menu;
  end;

implementation

constructor TController.Create(ADB: TDatabase; AView:
    ↪ TView);
begin
  FDB := ADB;
  FView := AView;
end;

procedure TController.Menu;

var
  scelta: string;
  tabName: string;
  table: TTable;
  colCount, i: Integer;
  cols: array of string;
  values: array of string;

begin
  repeat
  WriteLn;
  WriteLn('=== MINI DATABASE MVC ===');
  WriteLn('1. Crea Tabella');
  WriteLn('2. Inserisci Riga');
  WriteLn('3. Mostra Tabella');
  WriteLn('0. Esci');
```

```
    Write('Scelta: ');
    ReadLn(scelta);

    case scelta of
      '1': begin
        Write('Nome tabella: '); ReadLn(tabName);
        Write('Numero colonne: '); ReadLn(colCount);
        SetLength(cols, colCount);
        for i := 0 to colCount - 1 do
        begin
          Write('Nome colonna ', i+1, ': ');
          ReadLn(cols[i]);
        end;
        FDB.CreateTable(tabName, cols);
        FView.ShowMessage('Tabella creata!');
        end;

      '2': begin
        Write('Nome tabella: '); ReadLn(tabName);
        table := FDB.GetTable(tabName);
        if not Assigned(table) then
          FView.ShowMessage('Tabella non trovata!')
        else
        begin
          SetLength(values, table.Columns.Count);
          for i := 0 to table.Columns.Count - 1 do
          begin
            Write(table.Columns[i], ': ');
            ReadLn(values[i]);
          end;
          table.InsertRow(values);
          FView.ShowMessage('Riga inserita!');
        end;
        end;

      '3': begin
        Write('Nome tabella: '); ReadLn(tabName);
        table := FDB.GetTable(tabName);
        FView.ShowTable(table);
        end;
    end;
    until scelta = '0';
  end;
  end.
```

9.1.4 UnitView.pas

Come spiegato sopra, la *View* mostra i dati all'utente. Nel nostro caso l'output è generato alla console del Terminale ma potrebbe benissimo essere una pagina web o un campo di testo all'interno di una finestra.

Da notare che non c'è alcuna forma di elaborazione: solo una nutrita serie di `WriteLn` conditi da abbondanti cicli `for...do` per presentare i valori.

```
unit UnitView;

{$mode objfpc}{$H+}

  interface

uses
  Classes, SysUtils, UnitModel;

type
  TView = class
  public
    procedure ShowMessage(const Msg: string);
    procedure ShowTable(ATable: TTable);
  end;

implementation

procedure TView.ShowMessage(const Msg: string);
begin
  WriteLn(Msg);
end;

procedure TView.ShowTable(ATable: TTable);

var
  i, j: Integer;
  Row: TRow;

begin
  if not Assigned(ATable) then
  begin
    WriteLn('Tabella non trovata.');
    Exit;
  end;

  WriteLn('Tabella: ', ATable.Name);
  for i := 0 to ATable.Columns.Count - 1 do
    Write(ATable.Columns[i]:15);
```

```
40     WriteLn;
41 
42     for i := 0 to ATable.Rows.Count - 1 do
43     begin
44       Row := TRow(ATable.Rows[i]);
45       for j := 0 to ATable.Columns.Count - 1 do
46         Write(Row.GetValue(j):15);
47       WriteLn;
48       end;
49     end;
50   end.
```

Poco da dire anche qui se non che la cosa più degna di nota credo sia la riga 39

```
39 Write(Row.GetValue(j):15);
```

Il valore 15, dato a fine riga, serve a conferire un aspetto più "tabellare" all'output.

10

Considerazioni finali

Se siete arrivati a leggere fin qui... davvero mi **congratulo con voi!**
Siete stati davvero in gamba ad arrivare alla fine di questo manuale.
Non crediate che non lo sappia: i manuali possono essere (e di solito lo sono) terribilmente noiosi, infarciti di tecnicismi e molto spesso danno per scontate un sacco di nozioni pregresse. Nel corso di questa mia trattazione ho tentato, molto spesso senza riuscirci, di essere il più lineare possibile, di farvi addentrare all'interno del mondo dei personal computer, e di questo strepitoso linguaggio di programmazione, un passo alla volta.

Certo, ho dovuto dare per scontate molte cose di base, come la creazione di cartelle, l'uso di editor di testo e l'utilizzo di un Terminale ma ho pensato che fossero argomenti che anche un dodicenne brufoloso avrebbe potuto conoscere. D'altro canto il livello di conoscenza media su come funziona un computer si è molto alzato dagli anni '80 ad oggi: al momento in cui scrivo, per poterti definire un *nerd*, devi fare con un PC cose *davvero* incredibili!

Il viaggio però non finisce qui, i possibili sviluppi sono molti:

- creare programmi con interfacce grafiche che funzionino su più architetture
- inventare applicativi che si colleghino a database realmente esistenti come SQLite, MySQL, PostgresSQL e via dicendo.
- sperimentare nel campo della grafica e del multimediale in genere, per creare giochi o sistemi di progettazione innovativi

Ci saranno da leggere pagine di documentazione ma la grammatica del linguaggio non cambia. È il vostro turno ora: la programmazione non è solo tecnica, è anche creatività, curiosità e desiderio di costruire.

Object Pascal è un'alternativa chiara e potente per esprimere tutte queste cose: un linguaggio nato all'inizio degli anni Settanta, reso celebre dal pacchetto Turbo

Pascal e da Delphi, non è rimasto confinato in un passato buio ma continua a vivere oggi anche grazie a soluzioni gratuite come Lazarus e Free Pascal Compiler. Pur non avendo la stessa diffusione di linguaggi più "alla moda", conserva caratteristiche uniche:

- una sintassi chiara e leggibile, adatta all'apprendimento;
- un modello di programmazione a oggetti potente e coerente;
- strumenti maturi per la creazione di applicazioni desktop complete, anche grafiche.

Da sistema per insegnare la programmazione ai ragazzi si è trasformato nel tempo in un linguaggio moderno ed orientato agli oggetti, multipiattaforma e costantemente aggiornato. Con esso è possibile scrivere scrivere programmi robusti, leggibili e manutenibili.
Non si tratta soltanto di un linguaggio "per imparare", ma di una palestra per acquisire metodo, rigore e chiarezza di pensiero.

Con questo manuale abbiamo affrontato dapprima i fondamenti (tipi di dati, strutture di controllo, `record`, `array` e puntatori) per poi proseguire con elementi più avanzati, come la programmazione a oggetti, l'uso delle classi, la gestione delle eccezioni, la manipolazione dei file e l'organizzazione modulare del codice tramite `unit`.
Abbiamo visto come sia possibile, con pochi strumenti ben scelti, costruire applicazioni strutturate, fino ad arrivare a esempi concreti come il piccolo motore database organizzato secondo il paradigma *Model-View-Controller*.

Ora sta a voi, nella speranza che questa mia piccola opera abbia acceso in qualche persona là fuori la voglia di saperne di più, per diventare i prossimi programmatori del futuro.

Meravigliateci, abbiamo un disperato bisogno che l'informatica torni a farci sognare!

Indice analitico

Indice

Made in the USA
Coppell, TX
10 November 2026

11801963R00141